„STILLER NACHMITTAG"

Aspekte Junger Schweizer Kunst

Kunsthaus Zürich

Katalog herausgegeben von Toni Stooss anlässlich der Ausstellung *„Stiller Nachmittag" – Aspekte Junger Schweizer Kunst* im Kunsthaus Zürich vom 11. September bis 1. November 1987

Ausstellung und Katalog:
Toni Stooss

Graphisches Kabinett:
Ursula Perucchi

Redaktionelle Mitarbeit und Dokumentation:
Marcel Baumgartner –
Schweizerisches Institut für Kunstwissenschaft, Zürich

Kataloggestaltung:
Peter Emch und Toni Stooss

Ausstellungssekretariat:
Theres Abbt, Maya Spillmann, Daniela Tobler

Video-Programm:
Ursula Perucchi

Film-Programm:
Bea Cuttat, Zürich

Performance-Programm:
Luigi Kurmann, Luzern

Koordination der Begleitprogramme:
Regina Meili

Produktion und typografische Beratung:
Jürg Trösch, Englersatz AG, Zürich

Fotolitho:
Rubo Fotolitho AG, Zürich

Satz:
Englersatz AG, Zürich

Druck:
Vontobel Druck AG, Feldmeilen

Copyright:
© Zürich 1987 by Kunsthaus Zürich und Autoren

Umschlagfoto: The Image Bank, Zürich

Sämtliche im vorliegenden Katalog abgebildeten Werke, für die kein Besitzer ausgewiesen wird, befinden sich im Besitz der jeweils genannten Künstler und Künstlerinnen.

Die Video-Installationen von Eric Lanz und Anna Winteler sind ermöglicht worden durch einen namhaften Beitrag der JVC PROFESSIONAL VIDEO SCHWEIZ

„STILLER NACHMITTAG"

Aspekte Junger Schweizer Kunst

Hanspeter AMMANN John M. ARMLEDER Miriam CAHN
Martin DISLER Olivia ETTER
Peter FISCHLI Marcus GEIGER Alexander HAHN
Barbara HEE Rut HIMMELSBACH
Andreas HOFER Felix Stephan HUBER Leiko IKEMURA
Eric LANZ Josef Felix MÜLLER
Carmen PERRIN Peter ROESCH Ilona RUEGG
Christoph RÜTIMANN Klaudia SCHIFFERLE
Anselm STALDER Hannah VILLIGER Franz WANNER
David WEISS Anna WINTELER

KUNSTHAUS ZÜRICH

11. September bis 1. November 1987

Dank

Unser herzlicher Dank geht vorerst an die 25 beteiligten Künstler und Künstlerinnen, die in Gesprächen, mit Rat und Tat und nicht zuletzt durch ihre Werke mitgewirkt haben, die *Aspekten Junger Schweizer Kunst* gewidmete Ausstellung „*Stiller Nachmittag*" zu realisieren.

Dank sei auch all denen, die mit Hinweisen und Informationen dienlich gewesen sind, insbesondere: John M. Armleder, Genf; Peter Blum, Zürich und New York; Renate Cornu, Genf; Erika und Otto Friedrich, Bern; Pierre Huber, Genf; Grita Insam, Wien; Elisabeth Kaufmann, Zürich; Pierre Keller, Lausanne; Susanna Kulli, St. Gallen; Hervé Laurent, Genf und Marseille; Lydia Megert, Bern; Thomas Onken, Kreuzlingen; Peter Pakesch, Wien; Brigitta Rosenberg, Zürich; Christoph Schenker, Zürich; Jörg Stummer, Zürich; Max Wechsler, Luzern; Christian Witzig, Kreuzlingen.

Verbindlicher Dank gilt auch den Autoren, die Beiträge zu den einzelnen Künstlern und Künstlerinnen und deren Werken zumeist neu verfasst oder für den vorliegenden Katalog adaptiert haben: Jean-Christophe Ammann, Basel; Bernhard Bürgi, Zürich; Monica de Cardenas, Zürich; Jürg Frei, Zürich; Patrick Frey, Zürich; Goschka Gawlik, Wien; François-Yves Morin, Genf und Marseille; Patricia Nussbaum, Basel; Ursula Perucchi, Zürich; Claude Ritschard, Genf; Christoph Schenker, Zürich; Martin Schwander, Basel; Dieter Schwarz, Zürich; Ludmila Vachtova, Zürich; Max Wechsler, Luzern.

Dem Schweizerischen Institut für Kunstwissenschaft und seinem Mitarbeiter, Marcel Baumgartner, danken wir für die Bearbeitung der Bio-Bibliographien und insbesondere für seinen Beitrag *Anstelle einer Bibliographie. „Schweizer Kunst" 1980–1987 – und überhaupt. Eine Nach-Lese.*

Jean-Christophe Ammann (*Die Kathedrale des Leibes;* zu Josef Felix Müllers Holzschnitten), Laura Arici (*Graben – Gräber. Notizen vor dem Bild;* zu Martin Disler) und Theodora Vischer (*Miriam Cahn in einem Gespräch mit T.V.*) danken wir ausserdem für das Recht, die bereits anderswo erschienenen Beiträge wiederabdrucken zu können.

Anita Tobler-Casal und Daniela Tobler danken wir für die Übertragung der Beiträge von Claude Ritschard bzw. François-Yves Morin vom Französischen ins Deutsche.

Die Zusammenstellung und Betreuung des Filmprogramms, *Das „andere Kino",* verdanken wir Bea Cuttat, Zürich, diejenige des Performance-Programms Luigi Kurmann, Luzern.

Unser ganz besonderer Dank geht an die Leihgeber; die folgenden Stiftungen, Institutionen und öffentlichen Sammlungen haben mit Leihgaben zum Gelingen der Ausstellung beigetragen:
Stiftung Kunst Heute, Bern, Frau Dr. Marianne Büchler, Präsidentin (Depot Kunstmuseum Olten)
Association pour la création d'un Musée d'art moderne, Genf (A.M.A.M.), Maître Nicolas Gagnebin, Präsident, Mlle Castellino
Kanton Luzern (Depot im Kunstmuseum Luzern)
Stadt Luzern
Musée Cantini, Marseille, Mme Claire de Courcy
Grafik-Sammlung ETH

Unser verbindlichster Dank richtet sich auch an alle Galerien und privaten Sammler, die sich für einige Zeit von ihren Werken getrennt haben:
Thomas Ammann, Zürich
Herrn Urs Albrecht, Basel
Sammlung Amsler, Biberstein
Sammlung Bosshard, Rapperswil
Galerie Eric Franck, Genf
Galerie E. + O. Friedrich, Bern
Sammlung Toni Gerber, Bern
Galerie Karsten Greve, Köln
Bernhard Hahnloser, Bern
Galerie Hilger, Wien – Frankfurt
A. L'H., Genf
Galerie Catherine Issert
Frau Gabriele Karpf, München
Elisabeth Kaufmann, Zürich
Kunstraum Kreuzlingen
Sammlung Langenbacher
Galerie Anton Meier, Genf
Galerie D. + C. Mueller-Roth, Stuttgart
Galerie Vera Munro, Hamburg
Galerie Peter Pakesch, Wien
Galerie Rolf Ricke, Köln
Galerie Rosenberg, Zürich
Galerie Jörg Stummer, Zürich
C. Tanner, Teufen
Galerie Richard Varisella, Nürnberg
G. Wolf, Köln

sowie an alle jene Leihgeber, die es vorgezogen haben, nicht namentlich aufgeführt zu werden.

INHALT

Toni Stooss	7	„Stiller Nachmittag" Anstelle eines Vorworts
Ursula Perucchi	15	Tendenzen in der heutigen Schweizer Video-Kunst
Ursula Perucchi	19 20	Hanspeter AMMANN Montage-Technik der Erinnerung
Dieter Schwarz	27 28	John M. ARMLEDER Zu John M. Armleder
Theodora Vischer	35 36	Miriam CAHN Miriam Cahn in einem Gespräch mit Theodora Vischer
Laura Arici	43 44	Martin DISLER Graben – Gräber. Notizen vor dem Bild
Ludmila Vachtova	51 52	Olivia ETTER Zu Olivia Etter
Patrick Frey	59 61	Peter FISCHLI/David WEISS Die Kunst der sanften Abstossung. Über das Gummihafte in den neuen Arbeiten von Peter Fischli und David Weiss
Goschka Gawlik	69 70	Marcus GEIGER „Stumme Allegorie"

	75	Alexander HAHN
Ursula Perucchi	76	Elektronische Traumsequenzen
	81	Barbara HEE
Ursula Perucchi	82	Gebärdensprache der Zeichen
	89	Rut HIMMELSBACH
Patricia Nussbaum	90	Von den „zehntausend Dingen» zum „Reich der Mitte"
	95	Andreas HOFER
Jürg Frei	96	Zu Andreas Hofer
	103	Felix Stephan HUBER
Bernhard Bürgi	105	August 1986–März 1987
	111	Leiko IKEMURA
Christoph Schenker	112	Zu Leiko Ikemura
	119	Eric LANZ
François-Yves Morin	121	Video als Ökologie der Bilder. Zum ABC von Eric Lanz
	127	Josef Felix MÜLLER
Jean-Christophe Amman	128	Die Kathedrale des Leibes
Martin Schwander	130	Ekstase und Entfremdung
	135	Carmen PERRIN
Claude Ritschard	136	Die Lehre des Augenblicks
	141	Peter ROESCH
Max Wechsler	143	Gleichgewichte des Unvereinbaren. Zu den neueren Bildern von Peter Roesch
	149	Ilona RUEGG
Ursula Perrucchi	151	Offene Horizonte
	157	Christoph RÜTIMANN
Max Wechsler	159	Vom Fliegen auf allen Vieren
	165	Klaudia SCHIFFERLE
Monica de Cardenas	166	Schlafphasen
	168	Nachtansichten
	173	Anselm STALDER
Patrick Frey	174	«Vater», «Mutter», «Tochter», «Sohn»
	181	Hannah VILLIGER
Jean-Christophe Ammann	183	Geduld und Einsamkeit
	189	Franz WANNER
Christoph Schenker	190	Erhaben und gemein
	197	Anna WINTELER
Anna Winteler	198	Discours des Montagnes à la Mere
Marcel Baumgartner	205	Anstelle einer Bibliographie. «Schweizer Kunst 1980–1987» – und überhaupt. Eine Nachlese.
	213	Fotonachweis

Anstelle eines Vorworts

„STILLER NACHMITTAG"

Vom Titel, über zwei längere Exkurse, zurück zum Titel

Mit der bewussten Zitierung der 1985 entstandenen Fotoarbeit[1] eines in Zürich arbeitenden Künstlergespanns finden sich eine Ausstellung und der zugehörige Katalog assoziativ betitelt, die dem Schaffen von rund zwei Dutzend Schweizer Künstlern bis zum 40. Altersjahr gewidmet sind. *Aspekte Junger Schweizer Kunst* und «*Stiller Nachmittag*»? Ohne seinen spezifischen, spannungsgeladenen Hintergrund wäre der Titel vorerst provokativ...

Die subjektiv gehaltene Auswahl der in Absprache mit den beteiligten Künstlern und Künstlerinnen ausgesuchten Werke und Werkgruppen versucht der klein gehaltenen Anzahl der Ausstellenden entsprechend nicht, einen allgemeinen Überblick über das Schaffen von schweizerischen Künstlern zu geben, noch gar «Schweizer Kunst» zu dokumentieren, wie das seit Beginn der achtziger Jahre des öfteren bei sogenannten *Szene Schweiz*-Ausstellungen erfolgt ist.[2] Auch kann es angesichts der gegenwärtigen Entwicklung von Kunst und Künstlern, so wie sie sich – subjektiv wiederum – darstellt, nicht darum gehen, eine «neue Haltung» oder gar neuartige formale Tendenzen im Hinblick auf sich abzeichnende oder zu beschwörende 'Trends' zu verfolgen, mittels der Ausstellung sichtbar zu machen.

Der Ansporn zu einer solchen *Aspekte Junger Schweizer Kunst* herausarbeitenden Bilanz in der zweiten Hälfte der achtziger Jahre resultiert vorerst aus einem Manko: Seit der grossangelegten, thesenartig aufgezogenen Schweizer Präsentation des Kunsthauses Luzern im Jahre 1981[3], die sich im Zeichen der Spannung zwischen «Regionalismus» und «Internationalismus» situierte, hat keine grössere Ausstellung eines schweizerischen Kunstinstitutes mehr den Versuch unternommen, das vielfältige und vielschichtige Schaffen jüngerer Schweizer Künstler an bestimmten genuinen Tendenzen zur Darstellung zu bringen. Das 200-Jahr-Jubiläum der Zürcher Kunstgesellschaft gibt u.a. den äusseren Anlass, dies erneut zu versuchen.

Exkurs 1: «Schweizer Kunst» – ein Phänomen der achtziger Jahre?
Doch was heisst das überhaupt: «*Schweizerische Künstler*», «*Schweizer Kunst*» (mit und ohne distanzierende Anführungszeichen), *Aspekte* und *genuine Tendenzen*? Und was ist «*Junge Schweizer Kunst*»? Die Begriffe haben sich aufgebläht, mit Konnotationen gleichsam vollgestopft, so dass sie überall neuralgische Beulen aufweisen, in die zu stechen sich mit Beginn der achtziger Jahre männiglich (und auch weibiglich) bemüht hat. Niemand, der den Begriff «Schweizer Kunst» heute in den Mund nimmt, kann das mehr naiv tun und ohne diesen gleichzeitig zu relativieren, gemessen an einer Diskussion, die nicht zuletzt von «aussen», – sozusagen –, vom rezipierenden Ausland her gesehen, auf uns, – die innerhalb der Landesgrenzen leben –, eingedrungen ist (vgl. den Beitrag von Marcel Baumgartner, *Anstelle einer Bibliographie, «Schweizer Kunst» 1980–1987 – und überhaupt, Eine Nach-Lese* im vorliegenden Katalog S. 205 ff.).

Der Zauberlehrling geht herum: die Geister, die er rief...: Wer sich heute mit dem Doppelbegriff «Schweizer Kunst» auseinandersetzt, muss das gleichsam in einem Doppelschritt tun, sich rückbeziehend auf eine Diskussion nach 1980, die ihrerseits, – meist kritisch distanzierend, ihre Begrifflichkeit jedoch von da her beziehend –, das Diktum von Paul Nizons «Engnis in der Enge» reflektiert hat. Wenn Paul Nizon in seinem 1970 erstmals erschienenen Essay *Diskurs in der Enge*[4] die «Schweizer Kunst» mit bestimmten Attributen belegt und auf spezifische Merkmale zu behaften versucht, so spiegelt dies bereits das wachsende «Selbstbewusstsein» im Hinblick auf die eigene künstlerische Produktion wider, die noch zwanzig Jahre früher keineswegs selbstverständlich war. Bis in die fünfziger Jahre hinein wollte man nicht von «Schweizer Kunst» sprechen, mit der Befürchtung, mit diesem Begriffspaar allein den Eindruck von Provinzialität zu erwecken.

Wie anders lauten da die euphorischen Einschätzungen zu Beginn der achtziger Jahre: «Schweizer Künstler sind gefragt! Das hat es seit ich mich erinnern kann nicht mehr gegeben» stellt Jean-Christophe Ammann im Vorwort zum Ende März 1981 herausgegebenen Katalog *Aspekte der Jungen Schweizer Kunst*[5] fest. Zwei Seiten vorher gar wird die «Schweizer Kunst» von dessen damaligem Regensburger Kollegen Veit Loers wie ein nationales Nummerngirl präsentiert: «Selbstbewusst tritt sie auf, die junge Schweizer Avantgarde, so als wäre sie schon immer im Rampenlicht gestanden. Und sie kann sich auch gleichgewichtig neben die jungen Italiener, die expressiven Deutschen und die neuen Richtungen in Holland, England und Skandinavien stellen.»[6] Selbstbewusst (also als Nation?) gegenüber andern «nationalen» Richtungen? Wenn die «neuen Richtungen» in Holland, England und Skandinavien noch pauschal benannt werden, so sehen sich die jungen Deutschen bereits mit dem Attribut «expressiv» bedacht, und mit die «jungen Italiener» sind jene *Jungen Italiener* gemeint, die im Zuge der Propagierung eines «neuen Geistes in der Malerei» (A New Spirit in Painting)[7] wie eine nationale Gruppierung erscheinen: Chia, Clemente, Cucchi, Paladino und, gleichsam im Fahrtwind der neuen «Richtung», Nicola de Maria. Das «Expressive» hingegen, und Loers spricht, vorsichtig, nicht von *Neuen Wilden,* wird den Deutschen zugedacht, als sich abzeichnendem Hauptphänomen innerhalb einer Bewegung, die nationale Richtungen hypostasiert in einer um 1980 einsetzenden Diskussion, die diesen *nationalen* Betrachtungsweisen Vorschub leistet, bei der gleichzeitigen Betonung des *Regionalen,* das den neuen Impetus und die Kraft ebendieser nationalen Gruppierung ausmachen würde. Auch Jahre später wird etwa noch betont, dass das Verbleiben in den heimischen «Marche» Italiens für den international hochgeschätzten (und ebenso hoch bezahlten) Enzo Cucchi eine wichtige, gar unerlässliche Quelle ebendieses Geistes sei – während Chia und Clemente längst, im wortwörtlichen Sinn, über alle Berge sind!

Die kategorialen Bestimmungen scheinen mit beängstigendem Tempo an Griffigkeit eingebüsst oder sich zumindest verschoben zu haben: Die «expressiven Deutschen» erschienen in der Diskussion (auch dem Schreibenden) wie eine Art Stilphänomen, auch wenn sich erste Zweifel eingeschlichen hatten, ob hier nicht einige konzeptuelle Schafe sich mit dem wilden Wolfspelz aufgeputzt und von daher (und *erst* von daher) Beachtung gefunden hätten. So schien dann der «neue Geist in der Malerei» plötzlich so verschiedene (künstlerische) Temperamente wie den kulturkritischen Konzeptualisten Dieter Hacker, die Voll-und-Immer-schon-Maler Baselitz und Lüpertz, den malenden (Polit-) Pamphletisten Immendorff, die «Anti-Maler» der «Mülheimer Freiheit» und die neuen «Expressiven» um den Berliner Moritzplatz (Fetting, Middendorf, Salomé und Zimmer) gleichermassen zu beflügeln.

Die Schweiz, in den siebziger Jahren im Hinblick auf die bildende Kunst lediglich durch ihre zumeist im Ausland lebenden oder damit durch vielfältige Verbindungen freundschaftlicher bis ökonomischer Art verknüpften Protagonisten auffallend, schien sich im Hinblick auf eine nach Nationalitäten gruppierende Rezeption durch ihre «Überschaubarkeit» bestens zu eignen. Folgt man Annelie Pohlen in ihren grundsätzlichen Überlegungen im Sonderheft des *Kunstforums 1983* zur *Situation Schweiz,*[8] so war es gerade auch eine «Schweizer»-Ausstellung, nämlich die bereits erwähnte, *Schweizer Kunst '70–'80*[9] zum Thema nehmende Luzerner Ausstellung von 1981, die der «mit Beginn der 80er Jahre einsetzende(n) nationalen Kunstbetrachtungsweise» ein Leitlicht aufsetzte. Von «Schweizer Kunst» war seit Beginn der siebziger Jahre kaum mehr gesprochen oder auch geschrieben worden. Obwohl die unter dem Signum *Swiss Avant-Garde* gezeigte Ausstellung des Cultural Center New York auch 1971 unter derselben noch fast ausschliesslich die zweite Generation der Abstrakt-Konkreten verstand, bestand kein Monopol auf Schweizer Modernität mehr von diesen Gruppierungen aus, die seit Ende der fünfziger Jahre – nach einem kämpferischen Einsatz über 20 Jahre hinweg – mit «Nationaler Kunst» gleichgesetzt worden waren; dies in einer seltsamen, man ist geneigt zu sagen «typisch schweizerischen» Art von «Dialektik», die sich die einstmals «linken» bis marxistischen Gedankengänge auf der Ebene der «Guten Form» sattsam einzuverleiben mochte – wie Paul Nizon einleuchtend, wenn auch nicht unumstritten analysiert hat. Die noch früher in der Kunstgeschichte zu Weltberühmtheit gelangten Künstler wie etwa Paul Klee, Alberto Giacometti, Hans Arp, Sophie Taeuber-Arp und vor allem Le Corbusier, wurden als individuelle Künstlerpersönlichkeiten und nicht als «Schweizer Künstler» bekannt.

In diesem – und nur in diesem Sinne – mag das Diktum vom Schweizer Künstler als «Reisläufer» zutreffen, – der erst, wenn er sich im Ausland verdient gemacht hat, auch «zu Hause» geschätzt wird –, ein Diktum, das ebenfalls von Paul Nizon aufgebracht und danach, teils sinnentstellend, übernommen worden ist.

Nun, zu Beginn der achtziger Jahre, also die neue Schweizer Kunst, eine neue Haltung, ein neuer Stil? Mitnichten. Was klar und überschaubar scheint, was sich bei den *Beobachtungen von draussen*[8] und *Auf den zweiten Blick*[10] als *Blüten des Eigensinns*[11] ansah, wurde im Sinne einer differenzierteren Betrachtungsweise von den Propagenten dieser neuen Tendenz gleichsam Schritt für Schritt zurückgenommen, in jene Sphäre, wo die differenzierte Betrachtung selbst nichts *wirklich* Spezifisches mehr zu finden vermag. Was den «Namen einer künstlerischen Bewegung beanspruchen» durfte, erwies sich gleich im nächsten Satz als «eine Bewegung, die freilich sehr pluralistisch gefächert ist und das Unisono nicht unbedingt wahrhaben will»[12], wie Veit Loers bereits angesichts des breiten künstlerischen Spektrums von 'nur' «neun Künstlern der deutschsprachigen Schweiz» festhält.

Annelie Pohlen, die ausgeht von der «Tatsache, dass bei aller notwendigen Berücksichtigung der intern Beteiligten – Künstler und Kunstvermittlern – auch ein Blick von aussen Aspekte des Kunstschaffens in der Schweiz mit besonderer Schärfe erfassen mag als die am Geschehen unmittelbar Beteiligten», beginnt im Zuge ihres Artikels die Optik stufenweise so zu verändern, dass vom postulierten Scharfblick im Hinblick auf das «Schweizerische» nurmehr wenig übrigbleibt: «Wenn denn irgend etwas am schweizerischen Kunstschaffen symptomatisch erscheinen kann, dann dieses schillernde Verhältnis zwischen sarkastischem Angriff und humorigem Schmunzeln, hinter welches sich der Künstler zurückziehen kann wie hinter seinen privaten Berg.» Ein «Volk» von frivolen Hirten? Nicht nur: «Sprechen wir vom Auffälligen. Das ist in der Schweiz neben dem (...) bemerkenswerten Gemisch aus Schmerz, Lust und Witz eine Neigung zum Literarischen, zum Erzählerischen, Kommentierenden.» Und: «Dass da die Zeichnung nahe liegt, nicht weil die Schweizer ihrem Naturell entsprechend eben lieber zeichnen, sondern weil es in der Natur der Sache, der Klärung liegt, das hat wohl mit der Kunst dieser Region zu tun.»[13] Die Schweiz nun also selbst eine «Region», nachdem Martin Kunz gerade noch plausibel von der Kraft des Regionalen *innerhalb* der Schweiz berichtet hatte?

Die Verwirrung wird vollkommen, spiegelt man die von der Autorin anlässlich ihrer «Beobachtungen von draussen» erkannten Symptome an den gleichsam von «drinnen» erkannten Charakteristika eines Heiny Widmer im Vorwort zu *Künstler aus der Schweiz. 10 Situationen*:[14] «Verhaltene Gestik, Hang zu übertriebener Selbstqual und schlackenlose Ehrlichkeit, Mangel an Humor und gesalzener Ironie kennzeichnen unsere Kunst – auch bei den Jungen und Jüngsten»; in manchem also das pure Gegenteil von dem, was Annelie Pohlen «auffällig» erscheint. Zudem sind beinahe alle Feststellungen des «Typischen» von «Schweizer Kunst» auf *Deutsch*schweizer Kunst bezogen; versucht man nur, das nach A. Pohlen «Auffällige»: das Schmerzliche, Lustvolle, den Hang zum Literarischen im Genfer oder Lausanner Raum zu orten, wird man gewahr, dass diese Charakteristika hier wenig greifbar sind.

Das typisch Schweizerische in der Kunst kann und muss man sich partiell *zurechtlegen,* wenn es tragfähig sein soll; bestimmte Aspekte herausarbeiten, wenn sie sich abzuzeichnen beginnen, wie etwa Jean-Christophe Ammann mit *Visualisierte Denkprozesse* im Kunstmuseum Luzern 1969, gleichsam einer «schweizerischen» Entsprechung der «international» veranstalteten und inzwischen in mythische Rezeptionssphären entrückten *When Attitudes become Form*-Ausstellung von 1969 in der Kunsthalle Bern. Bereits die Luzerner Ausstellung *Mentalität Zeichnung* von 1976 jedoch wollte ebendiese nicht bloss auf Schweizer Künstler beschränkt sehen.

Man kann sie sich zusammensuchen, die Schweizer Eigenbrödler, Eremiten und Spintisierer, die sich mit einem blossen Kugelschreiber am Küchentisch auf einem Blatt Papier ein Universum entwerfen. Doch wie verhält es sich aus etwas mehr als fünf Jahren Distanz mit dem interessanten Aspekt eines kreativitätsfördernden Kräftespiels der Spannung zwischen «Internationalismus» und «Regionalismus» der Ausstellung *CH '70– '80*? Von den insgesamt 25 (exklusive der Gruppe Ecart) an der Ausstellung beteiligten jüngeren Künstlern lebten damals bereits vier (Luciano Castelli, Chasper-Otto Melcher, Niele Toroni und Hannes Vogel) ständig im Ausland. Primärer Ausgangspunkt der Ausstellung scheint denn auch ein viel weitergefasstes Anliegen gewesen zu sein, als «nur» das, dem besonderen Impetus des Regionalen im Hinblick auf das Internationale auf die Schliche zu kommen: «Die Entwicklung der internationalen Kunstszene wie diejenige der Schweiz bewogen mich, mit diesen Künstlern eine Bilanz der letzten zehn Jahre zu ziehen, Künstler, deren Arbeit ich nicht nur retrospektiv wichtig finde, sondern die auch nach zehn Jahren intensiven Schaffens noch immer bereit und interessiert sind, den begonnenen Diskurs weiterzuführen, impulsgebend zu wirken.» Und weiterhin die Feststellung: «...dass im Ausland Bildformen und -sprachen sich immer stärker entwickeln, die meiner Meinung nach in enger, interessanter Beziehung stehen zu dem, woran einzelne Schweizer Künstler schon lange arbeiten und nun, nach einer internationalen Förderung z.B. der italienischen Trans-Avantgarde plötzlich riskieren, mit verwandten, schon lange eingesetzten Bildmitteln als Epigonen zu erscheinen.»[15] Ein notwendiges, lobenswertes Unternehmen –, das allerdings davon ausgehen musste, im Ausland lebende Künstler, – konnten sie nicht über das Regionale, das sie geprägt haben soll, eingeholt werden, wie etwa bei Luciano Castelli –, zum Vornherein auszuschliessen, sollte die Rechnung im Sinn eines: «was zu beweisen war» aufgehen. Nur am Rande sei bemerkt, dass die Künstlerinnen, gleichsam die «Ausländer» der künstlerischen Szene der Schweiz selbst, praktisch nur bei «Video, Film, Perf.» zum Zuge kamen (welche sich auch in einem gesonderten Katalog erwähnt fanden)[16], während bei der «eigentlichen» bildenden Kunst ausser der nun beileibe nicht mehr «jungen» Ilse Weber (*1908) – die vielleicht für «junge», weil aktuelle Kunst stehen mochte, doch: «that's another story!» – nur die Luzernerin Marianne Eigenheer den Kriterien zu genügen schien...

Womit wir, nach diesem längeren Exkurs, bei *unserem* Thema wären.

«Zur Klärung der Lage»
Wie eingangs erwähnt, war der eigentliche Anlass zu einer Bilanz des Schaffens von Schweizer Künstlern ein äusserer. Uns scheint heute nicht der Zeitpunkt gegeben (und dies zeichnet sich unseres Erachtens als internationales Phänomen in der zweiten Hälfte der achtziger Jahre ab), «zur Klärung der Lage» eine *bestimmte* künstlerische Situation festzuhalten – selbst wenn wir später vermuten werden, dass sich eine Stimmung des Umbruchs erkennen lässt. Nach der euphorischen Aufbruchstimmung zu Beginn des Dezenniums ist jeder Künstler, wie Jean-Christophe Ammann in einem Interview[17] ein paar Jahre später äussert, «ganz stark auf sich selbst angewiesen. Das gruppendynamische Prinzip Ende der 70er Jahre und ganz am Anfang der 80er Jahre ist ja nicht mehr vorhanden». Hingegen ist von den Künstlern, die zu jenem beschworenen Zeitpunkt Visionen eröffneten und diese nun «in die Vision selbst übertragen» mussten[18], ein Fundus entstanden, der eine vorläufige Bilanz fruchtbar erscheinen lässt. Mit «Fundus» ist dabei ein geistiger, inhaltlich/formaler Besitz gemeint, nicht das Lager an vollbrachten Arbeiten, was es ermöglicht, auch Künstler und Künstlerinnen in die Auswahl einzubeziehen, die noch nicht auf ein quantitativ umfangreiches «Œuvre» zurückblicken können.

Was heisst bei einer solchen Auswahl nun «Schweizer Kunst»? Es fällt mir schwer, nach all den Differenzierungen, Verunklärungen und offensichtlichen Widersprüchen, die die Versuche, sich ebendieser anzunähern, charakterisieren und die geradezu eine Historiographie der Historiographie zur «Schweizer Kunst» herausgefordert haben (siehe dazu den Beitrag von Marcel Baumgartner im vorliegenden Katalog S. 205 ff.), den Parameter so platt anzugeben: das Kriterium war, bezüglich der Nationalität, vorerst eine reine «Pass»-Frage; ein Schweizer Künstler ist, wer Künstler ist und einen Schweizer-Pass hat. Erst in zweiter Linie sind nun all jene Faktoren zu bedenken, die den Schweizer Künstler und die Schweizer Künstlerin auch im Ausland zu ebendiesen machen – wenn oft auch «contrecœur». Viel wichtiger als eine vermutete gemeinsame Mentalität (der man, gesamtschweizerisch betrachtet, immer auch gerade eine andere entgegenzuhalten vermag), und oft prägender als das kollektive Dasein in der von Schweizer Kritikern bis zum Überdruss erwähnten «Konsens-Gesellschaft», zu der sich der Künstler im besten Fall oppositionell, zumeist jedoch indifferent verhalten muss, sind die freundschaftlichen Verknüpfungen (gerade über die Grenzen hinweg) und vor allem auch die individuellen ökonomischen Bedingungen, die bei zahlreichen Spekulationen allzusehr ins Hintertreffen geraten. Das oft beschworene Diktum vom Schweizer Künstler als «Reisläufer» steht Kopf: der Reisläufer verkaufte seine Körperkraft im Ausland, um in der Schweiz *überleben* zu können; den Schweizer Künstler zieht es ins Ausland, um *leben* zu können, doch die materiellen Ressourcen beziehen die meisten (zumindest der nicht «arrivierten») Künstler aus der Schweiz: über Stipendien, durch die Schweizer Galerien, über Freunde, die Werke kaufen usw. Das Absurde dieser Situation zeigt sich erst an den einzelnen Fällen: so etwa bei der «Genfer» Künstlerin Carmen Perrin, die als «Schweizer Künstlerin» gegenwärtig einen schönen Erfolg mit einer Reihe von Einzelausstellungen verbucht – die aber vor kurzer Zeit nach Marseille umgezogen ist, weil sie da, im Gegensatz zu Genf, optimale Atelierbedingungen vorgefunden hat...!

Doch wichtiger als diese Nationalitätenfrage ist wohl die nach der Bedeutung von *Aspekten* und *genuinen Tendenzen*: Zur Ausstellung gelangen sollte das, was uns gegenwärtig und für die nächste Zeit innerhalb eines ausgesprochenen Stilpluralismus tragfähig und vorbildlich erscheint. «Aspekte» meint denn auch, dass damit die verschieden Stossrichtungen künstlerischen Erlebens und Formulierens mit denjenigen Künstlern und Künstlerinnen gezeigt werden sollen, die als ursprüngliche Schöpfer und Träger des solcherart von ihnen vertretenen Gedanken- und Formenreichtums gelten dürfen, und als solche – nach wie vor – impulsgebend sind. Unter diesen Prämissen gilt es denn nicht, ausschliesslich die Arbeiten jener Künstler vorzuzeigen, die trotz ihrer «Jugendlichkeit» auf eine ihnen spezifische schöpferische Kontinuität zurückblicken können, sondern auch Werke, die, fast «spontan», eine grosse Überzeugungskraft, ein innewohnendes geistiges Potential und eine Dynamik entwickeln, die das Zusammenspiel mit den «Bekannteren» und «Gereifteren» interessant und spannungsvoll erscheinen lässt. Dies ist auch mit dem vorher zitierten «Fundus» gemeint; und in diesem umfassenden Sinn sei hier auch *Junge* Schweizer Kunst verstanden.

Qualität und *Aktualität* sollten somit alleiniger Ausgangspunkt sein, um – bei allen subjektiven Vorlieben und äusseren «Zwängen» durch räumliche Gegebenheiten – das Gespräch mit den Künstlern und Künstlerinnen im Hinblick auf diese Präsentation aufzunehmen. Kein Regionen-Proporz, kein «Ausländer»- oder «Inländer»-Bonus (auch dies nicht zuletzt eine ökonomische Frage!), kein Männlein- oder Weiblein-Handicap durfte dabei eine Rolle spielen – und doch erweist sich die schliesslich resultierende «Liste» der beteiligten Künstler als ausgewogen, jedoch auf eine überraschende, eher ungewöhnliche Art: Von den 25 im Katalog aufgeführten Künstlern und Künstlerinnen leben dreizehn ständig oder abwechselnd im Ausland, und zehn davon sind Frauen. Honi soit qui mal y pense: Von Alibi-Frau darf da wohl nicht mehr die Rede sein.

Dies sei, bezogen auf die erstgenannte Feststellung, vorerst nicht wertend gemeint; doch scheint ein Aufenthalt in einem anderen Land nach freier Wahl dem schöpferischen Geist zumindest eher förderlich denn abträglich zu sein. Zum zweiten kann daraus hervorgehen, dass ein nicht unbeträchtlicher Teil dessen, was unseren Nachbarn als «Szene Schweiz» vor Augen geführt wird, sich aus Werken jener Künstler und Künstlerinnen zusammensetzt, die von ebendiesen Nachbarländern vielleicht im selben Mass geprägt sind, wie von dem, was bei ihnen das «Schweizerische» ausmachen würde (als Beispiel sei hier wieder auf Luciano Castelli verwiesen).

Die zweite Feststellung, der grosse Beitrag von Frauen zu unserer Ausstellung, sei hier nicht schulterklopfend aufgeführt. Der wichtige Anteil der Künstlerinnen scheint mir viel eher eine objektive künstlerische Entwicklung widerzuspiegeln denn einen demokratischen Proporz von seiten der «Vermittler» oder gar ein besonderes Augenmerk auf «Kunst von Frauen». Alleiniger Massstab sollte hinsichtlich dieser Frage die Qualität der Werke selbst sein – so etwa bei Josef Felix Müller in seinem radikal *männlichen* und Miriam Cahn in ihrem radikal *weiblichen* Standpunkt.

Exkurs 2: Ein-Blick in die Geschichte – und von dort zurück
Die Ausstellungen, die sich im Überblick der künstlerischen Produktion in der Schweiz gewidmet haben, können sich im Zürcher Kunsthaus auf eine lange Tradition berufen. Für unser Jahrhundert sei in diesem Zusammenhang besonders auf die Ausstellung von 1910 *Zur Eröffnung des Kunsthauses*[19] hingewiesen, die, wie es hiess, Werke von 139 Zürchern sowie «46 namhafter Schweizer» vorstellte. Noch gebührte der Kunst der Region also ein hervorragender Platz – und sei es auch bloss gemessen an der Anzahl der Beteiligten. Interessant im Hinblick auf das hier referierte Thema ist die Tatsache, dass allein 9 der 28 mit Gemälden «eingeladenen Schweizer Künstler» zum damaligen Zeitpunkt im Ausland lebten, vor allem in den Akademie-Städten München und Paris.

Die sogenannten *Nationalen Kunstausstellungen*, deren zehnte ebenfalls im Jahre 1910 stattfand, wurden bis in die späten zwanziger Jahre unter diesem Titel weitergeführt, ohne bestimmte Schwerpunkte zu legen oder programmatische Tendenzen zu verfolgen. *Zeitprobleme in der Schweizer Malerei und Plastik*[20] hingegen versammelte 1936 unter diesem Motto 41 Künstler, worunter sich bekannte Namen wie die der international renommierten Arp, Bill, Alberto Giacometti, Glarner, Klee, Le Corbusier, Sophie Taeuber-Arp u. a. fanden. Dies nicht zuletzt, wie der damals mitausstellende vierunddreissigjährige Richard Paul Lohse über 30 Jahre später festhielt, um der modernen Kunst in der Schweiz der dreissiger Jahre zum Durchbruch zu verhelfen. Mit «Zeitproblemen» dachten die Veranstalter im übrigen nicht, die möglichen Widerspiegelungen von Geschehnissen des (politischen) Alltags thematisiert zu sehen, sondern gleichsam eine «innerkünstlerische» Frage, nämlich die nach der Entwicklung der abstrakten Kunst als einem plastischen Ausdruck, «der von der neuen Plattform ausging, die durch den Kubismus geschaffen wurde.»

Drei Jahre später, in Verbindung mit der 1939 stattfindenden Landesausstellung, wurde die nationale Kunst in einer zweiteiligen Ausstellung mit dem Titel *Zeichnen, Malen, Formen*[21] geehrt, die sich in ihrem aktuellen Teil die «Gegenwart» vornahm. Eine Konzentration auf Schweizer Kunst und Künstler in den nachfolgenden Kriegsjahren scheint plausibel, wenngleich die Anzahl der internationalen Ausstellungen auf den ersten Blick verblüfft – ein Faktum, das nicht zuletzt damit zusammenhängt, dass hochkarätige Leihgaben aus dem Ausland relativ leicht in die «neutrale Schweiz» zu holen waren. Unter dem Stichwort *Die junge Schweiz*[22], das, soviel wir sehen, zum ersten Mal das Attribut «jung» in Zusammenhang mit «Schweizer Kunst» brachte, wurden 1942/43 zur Jahreswende 46 Künstler mit 170 Werken gezeigt und ausserdem *Das Graphische Kabinett* und *Der Graphische Kreis* mit 30 Künstlern und 203 Blättern einbezogen.

Wichtig zu erwähnen ist die Ausstellung der *allianz-vereinigung moderner schweizer künstler von 1942*[23], die dritte grössere Präsentation einer Gruppe zeitgenössischer Kunstschaffender, dies sich als Verein Ende April 1937 mit dem Zweck zusammengeschlossen hatte, «die gemeinsame Förderung der modernen Kunst und die Wahrung der daraus sich ergebenden Interessen» zu verfolgen. Dieselbe «Allianz» stellte auch 5 Jahre später, 1947, wiederum 43 Künstler vor.

Ziemlich genau 20 Jahre sollte es dauern, bis das Kunsthaus erneut das Augenmerk vor allem auf jüngere Schweizer Künstler richtete, nämlich 1968 mit *Wege und Experimente – 30 junge Schweizer Künstler*[24], wobei der damals älteste Beteiligte,

Roland Werro, 42 Jahre zählte, der jüngste, Urs Lüthi, noch nicht ganz 25. Während diese Schau sich mit Jean Baier, Andreas Christen, Herbert Distel, Karl Gerstner, Hansjörg Glattfelder, Pierre Haubensak, Luigi Lurati, Bernhard Lüthi, Christian Megert, Willi Müller-Brittnau, Charlotte Schmied, Manfred Schoch, Paul Talman, Rolf Weber, Roland Werro und Max Wiederkehr auf eine stark geometrisierende und «op-artige» Formensprache konzentrierte, widmete sich die vom Kunsthaus betreute *Phantastische Figuration, 50 junge Schweizer Künstler*[25] im Jahr darauf im Zürcher Helmhaus eher surrealistischen Tendenzen.

All diesen Ausstellungen ist, – soweit dies aus den zugehörigen Katalogen hervorgeht –, gemeinsam, dass sie sich keinerlei Gedanken machten, was «Schweizer Kunst» denn überhaupt auszeichnen oder zumindest prägen würde. Die «Zeitprobleme» von 1936 sind Erörterungen und Spekulationen zum Verhältnis von «abbildender» Kunst und der angestrebten Schaffung einer «malerische(n) Realität mit nichtnaturalistischen Mitteln.» Die an die Tagespolitik gebundenen Zeitprobleme lassen sich, wenn schon, eher ablesen an den verschiedenen Bestrebungen, Künstlergruppen zu schaffen, – so in Basel mit der *Gruppe 1933* und in Bern mit der Verbindung von Ciolina, von Mühlenen und Hans Seiler –, und führen schliesslich auch zur Gründung der *Allianz*. Obwohl nach den Worten Sigfried Giedions «eine junge Generation», die daran war, «die heutigen plastischen Möglichkeiten auszubauen», dokumentiert werden sollte, «weisen (die 'Zeitprobleme') fast alle Richtungen auf, die an einer neuen malerischen Erfassung der Realität arbeiten (...) Gerade diese Vielseitigkeit ist alles eher als ein Zeichen des Chaos. Es ist ein Zeichen des Übergangs, in dem viele Stimmen ineinander klingen. Die Architektur geht ihren Weg geradeaus. Die Malerei wird gerade fruchtbar, wenn sie sich differenzierte Windungen gestattet».[26] Ein damals kühner Gedanke, der uns im Hinblick auf die heutige Situation mehr als aufhorchen lassen mag.

1968 sollte die Malerei *gerade* im Zusammenspiel mit der Architektur fruchtbar werden, wie das Vorwort zu *Wege und Experimente* suggeriert. Die Integration von bildender Kunst und Architektur war eines der Anliegen dieser reinen Bilder- und Plastik-Ausstellung, die den «dark horses» der Schweizer Kunst zumindest verbaliter Architekten und Bauherrn wünschte, «die Räume zur Verfügung stellen, die den Künstlern Gelegenheit geben, ihr Talent dauernd zu beweisen».[27] Bereits R.P. Lohse stellte in seiner Einleitung zu *Wege und Experimente* den Vergleich mit der Ausstellung von 1936 an und assoziierte diese mit den dreissiger Jahren, «in denen die moderne Kunst in der Schweiz sich erst zu behaupten begann». Im Hinblick darauf, die bereits erwähnte zweite und eine dritte Schweizer Ausstellung folgen zu lassen, um «eine objektive Übersicht über die künstlerischen Tendenzen der jungen Generation» anzustreben, befasste sich die damalige Ausstellung, nach den Worten Lohses, «im wesentlichen mit den Tendenzen des Methodisch-Konstruktiven, der sogenannten neuen Abstraktion und der kinetischen und Licht-Experimente», was ihn «folgende Hauptströme unterscheiden» liess: eine Gruppe, «die methodisch ihre Werke baut, Logik und Intuition zu verbinden sucht und durch systematische Forschung an den Bildmitteln die Gestaltungsbasis erarbeitet». Bei der zahlenmässig grössten Gruppierung sah er den ablesbaren Einfluss der Kunstzentren der sechziger Jahre, New York und London, in der Verwendung von «Formen des hardedge und der Signal-Malerei». Die dritte schliesslich «beschäftigt sich mit dem Problem bewegter Strukturen und optischer Abstraktionen (...) Gemeinsam ist dieser experimentellen Gestaltungsweise der Montagecharakter und die Mobilität».[28]

Heute, nach mehr als fünfzehn Jahren, in denen sich das Kunsthaus der jüngeren und jüngsten Generation nur partiell und mit kleineren Einzelausstellungen gewidmet hat (sieht man von den turnusmässigen, auf Zürich beschränkten «Kunstszenen»-Ausstellungen ab), stellt sich das Problem nochmals anders: Mit der Fotografie und dem Video sind neue Medien gleichberechtigt mit den traditionellen Ausdrucksmitteln aufgenommen worden, die Mitte der sechziger Jahre kaum wahrgenommen worden sind bzw. noch kaum zur Verfügung standen. Andererseits sind gerade jene Merkmale, die Lohse für die dritte Gruppierung innerhalb der «methodisch-konstruktiv» vorgehenden Künstlerschaft festhielt, «Montagecharakter und Mobilität», weitestgehend verschwunden. Rein optische Phänomene zu monumentalisieren hat an Bedeutung verloren, und der «Montagecharakter» hat eine völlig andere Bedeutung erfahren, da wo Künstler und Künstlerinnen wie etwa Martin Disler oder Miriam Cahn ein Werk aus Serien installationsartig angeordneter Zeichnungen und Aquarelle entstehen lassen. Der Hang zum ganzheitlichen, autonomen Werk, das nicht notwendig auf weitere verweist, ist symptomatisch, selbst da wo dieses zugleich ein Element eines reflexiven Diskurses darstellt, wie etwa bei John M. Armleder.

Verbindungen, wie sie Lohse locker skizzierte, liessen sich zwar auch heute wahrnehmen, möchte man denn, wie das jüngst in einer *Swiss Selection*[29] betitelten Ausstellung versucht worden ist, die «konkret-konstruktiven», die «figurativ-expressiven» und die eher konzeptuellen bis surrealistischen Tendenzen jeweils zusammenbinden, um innere Verwandtschaften aufzuzeigen. Von daher mögliche Gruppierungen, die einerseits Künstler und Künstlerinnen wie John M. Armleder, Stephane Brunner, Max Bühlmann, Christian Floquet, Henri Spaeti und Günther Wizemann, andererseits etwa Silvia Bächli, Miriam Cahn, Monika Dillier, Martin Disler und Josef Felix Müller, und zum dritten vielleicht Urs Lüthi, Fischli/Weiss, Anselm Stalder und Rolf Winnewisser zusammenbringen würden, laufen Gefahr, die fast isolationistische Verschiedenheit der künstlerischen Ansätze zu nivellieren und, vor allem, Richtungen, welche nicht in dieses Schema «passen», aus den Augen zu verlieren.

Uns scheint vielmehr die Zeit gegeben, wo die leisesten Differenzierungen in der künstlerischen Äusserung und die scheinbare Verwandtschaft in der formalen Lösung auseinanderdividiert werden sollten, um – in einem abstrakt-philosophischen Sinn – inhaltliche Überschneidungen aufscheinen zu lassen, die nur oberflächlich mit der Wahl der Ausdrucksmittel zu tun haben: Das einsame «Auf-sich-selbst-gestellt-sein» der in «taille directe» geschaffenen nackten Holzfiguren Müllers verbindet diese von daher gesehen vielleicht ebenso mit den fragilen, stets den virtuellen Zusammenbruch thematisierenden Figurationen aus Industriematerial einer Carmen Perrin. Und die Bildsprache Miriam Cahns, ihr *Lesen in Staub,* kommt der poetischen Leseweise des *Discours des montagnes à la mere* von Anna Winteler vielleicht ebenso nahe wie den Selbstentäusserungen eines Martin Disler. Den nervösen zeichnerischen Figurationen einer Leiko Ikemura, die das weisse Blatt Papier – im Wortsinn – aus verschiedenen Richtungen angeht, antworten die Disharmonie der Farbgebung und die formalen «Defigurationen» der Aquarelle Anselm Stalders, dessen ein Jahr zuvor entstandene Plastiken jene Energien in Zaum zu halten scheinen, die sich in Fischli/Weiss' Film *Der Lauf der Dinge* freien Lauf verschafft haben. Die von diesem Künstlerpaar in Gummi monumentalisierten Alltagsdinge und die *Furniture Sculptures* eines John M. Armleder stellen – bei aller formalen Unterschiedlichkeit – mit auch die Funktion und die Perzeption von Kunst heute in Frage.

Was sich allerseits abzeichnet, und dies mag die Auswahl der Künstler und Künstlerinnen sowie deren Werke intuitiv mitbestimmt haben, ist die spürbare Spannung einer Umbruchsituation.

…und zurück zum Titel
«Stiller Nachmittag» drückt, als verallgemeinertes Fazit nach den zahlreichen Atelier-, Ausstellungs- und Galeriebesuchen im Zuge der Vorbereitungen, die Stimmung einer relativen Konsolidierung der Kunst aus, einer Rückbesinnung auf die eigenen Mittel, auf die Individualität als Quelle des Schöpferischen, nach der «Aufbruchstimmung» zu Beginn dieses Jahrzehnts – in Betrachtung einer schweizerischen Kunst-«Landschaft» wiederholt in Zusammenhang gebracht mit der «Zürcher Bewegung». «Stiller Nachmittag» steht für einen beschaulichen Moment, ein Innehalten nach der Hitze des Zenits und vor dem spannungsgeladenen Umbruch zu etwas anderem hin. Dies andere hängt mit auch von der Art und Weise ab, wie «Alltag» in die Werke vordringt: In der irritierenden Bilderwelt Miriam Cahns, deren monumentale, tiefgründige Kraterseen und schrundige Bergansichten in jüngerer Zeit von giftig farbenen *A- + H-tests* «begleitet» werden, die, in Industrienorm-Farben sich freien Lauf verschaffend, das *Lesen in Staub* polarisieren. In der «endlosen» Reihung der Fratzen Martin Dislers, die die Erfahrung von Schmerz und Behinderung am eigenen Leib als *Vase des Schmerzes* zur Metapher für Schmerz selbst werden lassen, der im *Auslaufenden Gesicht weisser Rasse* kulminiert. In der (angezweifelten?) utopischen Alternative, die die stets latente Trauer in den Bildern eines Peter Roesch zu transzendieren scheint. In der schwarzen Perspektive, die in Hannah Villigers *Skulptur* der Körpertastung antwortet. Oder in den zu Ikonen gefrorenen banalen Gegenständen eines Franz Wanner, die das Gemeine in das Erhabene zu retten versuchen.

Am offensichtlichsten ist die hier hypostasierte Umbruchsituation vielleicht da abzulesen, wo sich die künstlerische Intuition am «Gegenständlichen» entzündet. «Stiller Nachmittag»[30] ist auch der Titel einer Fotoarbeit des hintergründigen Künstlergespanns Peter Fischli und David Weiss, die aus banalen Alltagsgegenständen «komponierte» Skulpturen in trügerischem, da labilem Gleichgewicht festhält. Ihr Weg mag, dahingehend interpretiert, symptomatisch sein: Von der entfesselten, virtuell enzyklopädischen Erfassung aller Umweltdinge in *Plötzlich diese Übersicht* 1982, zu den «Equilibres» von 1985, denen die Gummiobjekte in ihrer dumpfen Statuarik antworten; Dinge, die den Künstlern und den Betrachtern das freie Assoziieren und Kombinieren von Situationen und Geschichten noch erlauben. *Der Lauf der Dinge* hingegen hat den weiteren Verlauf, wie im doppeldeutigen Titel angedeutet, auf seinen Nenner gebracht…

Ein «Stiller Nachmittag» vor dem Hintergrund eines spannungsgeladenen, schauerlich-schönen Himmelsbildes lässt die Richtung offen, in die die Sonne ihre Bahn schlägt. Und schliesslich sei auf eine entferntere Konnotation zum Titel hingewiesen, die noch in eine andere Richtung führen würde: «Stiller» heisst auch jene Romanfigur von Max Frisch, die in der Spannung zwischen Schweizer-Sein und Nicht-Schweizer-sein-wollen lebt; oder mit den Worten Paul Nizons: «Mit der Bestreitung der Heimatberechtigung bestreitet er im Grunde die Lebensberechtigung der Heimat – weil diese dem Leben in seinem Sinne nicht mehr zu gleichen scheint».[31] Doch dies wäre, gerade auch heute wieder, ein anderer Diskurs…

Toni Stooss

Anmerkungen

1 PETER FISCHLI/DAVID WEISS, *Stiller Nachmittag,* erschienen anlässlich der Ausstellung in der Kunsthalle Basel und im Groninger Museum, Basel 1985.

2 Siehe dazu den Beitrag von MARCEL BAUMGARTNER im vorliegenden Katalog: *Anstelle einer Bibliographie, »Schweizer Kunst« 1980–1987 – und überhaupt, Eine Nach-Lese*, S. 205 ff. (vor allem Annex I).
3 *CH '70–'80. Schweizer Kunst '70–'80. Regionalismus/Internationalismus. Bilanz einer neuen Haltung in der Schweizer Kunst der 70er Jahre am Beispiel von 30 Künstlern.* Kunstmuseum Luzern, 1.2.–22.3.1981. Band 1: *Prolog, Video-Film und Performance. Texte und Kommentare.* Band 2: *Künstlerbuch, 15 Künstler gestalten je 15 Seiten.*
4 PAUL NIZON, *Diskurs in der Enge, Aufsätze zur Schweizer Kunst*, Kandelaber-Verlag, Bern 1970. 2. Auflage: Benziger Verlag, Zürich 1973.
5 *Aspekte der Jungen Schweizer Kunst*, Städtische Galerie Regensburg, 27. März–10. Mai 1981, o. S.
6 ebda.
7 *A New Spirit in Painting*, Royal Academy of Arts, London 1981.
8 *Kunstforum International, Band 63/64, 7–8/83, Juli August 1983: Situation Schweiz*, hersg. von ANNELIE POHLEN.
9 siehe oben Anm. 3
10 Titel des Beitrages von VEIT LOERS in: *Aspekte der Jungen Schweizer Kunst* (wie Anm. 5).
11 Titel der Ausstellung im Kunstverein München, 28. September–11. November 1984 (vgl. *Annex I* zum Beitrag von Marcel Baumgartner, S. 207).
12 siehe oben Anm. 5
13 ANNELIE POHLEN, *Beobachtungen von draussen*, in: *Kunstforum International* (wie Anm. 8), S. 256–259.
14 *Künstler aus der Schweiz. 10 Situationen*, Ausstellung des Instituts für moderne Kunst Nürnberg, 8. Dezember 1983–27. Januar 1984 (vgl. *Annex I* zum Beitrag von Marcel Baumgartner, S. 207).
15 MARTIN KUNZ, *Zur Ausstellung*, in: *CH '70–'80* (vgl. Anm. 3), o. S.
16 ebda., Band 2
17 CHRISTOPH SCHENKER, *3 Interviews mit Jean-Christophe Ammann, Theo Kneubühler und Toni Gerber*, in: *Kunstforum International* (wie Anm. 8), S. 260–262.
18 ebda., S. 261
19 *Ausstellung zur Eröffnung des Kunsthauses am Heimplatz, April–Juli 1910*, 17. April–3. Juli 1910.
20 *Zeitprobleme in der Schweizer Malerei und Plastik*, Ausstellung im Kunsthaus Zürich, 13. Juni–26. Juli 1936 (Katalog mit Texten von W. (= WARTMANN), GIEDION, BILL, LE CORBUSIER).
21 *Schweizerische Landesausstellung 1939, Zeichnen, Malen, Formen, II. Kunst der Gegenwart.* Werke im Ausstellungsgelände am See und im Zürcher Kunsthaus, 27. August–29. Oktober 1939
22 *Die junge Schweiz*, Ausstellung im Kunsthaus Zürich, 28. November 1942–31. Januar 1943.
23 *allianz – vereinigung moderner schweizer künstler*, Ausstellung im Kunsthaus Zürich, 23. Mai–21. Juni 1942.
24 *Wege und Experimente – 30 junge Schweizer Künstler*, Ausstellung im Kunsthaus Zürich, 17. Januar–17. März 1968 (Katalog mit Texten von FELIX ANDREAS BAUMANN und RICHARD PAUL LOHSE).
25 *Phantastische Figuration, 50 junge Schweizer Künstler*, Ausstellung im Helmhaus Zürich, 2. August–7. September 1969.
26 SIGFRIED GIEDION, *Zeitprobleme in der Schweizer Malerei und Plastik* (wie Anm. 20), S. 5.
28 FELIX ANDREAS BAUMANN, (Vorwort zu:) *Wege und Experimente. 30 junge Schweizer Künstler* (wie Anm. 24), S. 4
29 *Swiss Selection*, Ausstellung in der Galerie Beyeler, Basel, 17. Dezember 1986–21. Februar 1987 (Katalog mit Text von MARTIN SCHWANDER).
30 siehe Anm. 1
31 PAUL NIZON, *Diskurs in der Enge*, 2. Auflage, Zürich 1973, S. 54.

TENDENZEN IN DER
HEUTIGEN SCHWEIZER VIDEO-KUNST

Die Video-Technik, das heisst die elektromagnetische Aufzeichnung des Bildes und seine Wiedergabe auf dem Bildschirm, beschäftigt die Künstler heute wieder in verstärktem Masse.[1] Nach einer Phase nachlassenden Interesses hat die Video-Kunst seit Anfang der achtziger Jahre einen neuen, lebhaften Aufschwung genommen. Das steht in unmittelbarem Zusammenhang mit der Entwicklung der Computer-Technologie, die den Künstlern mit der digitalen Bildmanipulation und mit den elektronischen Schneidetechniken die Möglichkeit bietet, eine vorher nicht gekannte Präzision in der Zusammenstellung von Bildsequenzen zu erzielen.[2]

Die Schweizer Künstler haben sich schon sehr früh für das Medium Video interessiert, und es wurden vor allem in der französischen Schweiz bereits seit Beginn der siebziger Jahre – wenig später also als die Pioniergeneration in den USA mit Vito Acconci, Bruce Nauman, Nam June Paik, William Wegman – künstlerische Videobänder produziert. Zu den ersten, die sich bald nach der 1968/69 erfolgten Einfuhr von Video in die Schweiz mit dem Medium beschäftigten, gehörten Gérald Minkoff, Jean Otth, Muriel Olesen, René Bauermeister und Janos Urban; etwas später kamen Chérif und Silvie Defraoui hinzu. Bereits 1972 organisierte die Galerie Impact in Lausanne eine Ausstellung mit dem Titel «Action Film Video», in der Bauermeister mit Filmen und Minkoff, Olesen, Otth und Urban mit Videoarbeiten gezeigt wurden. In dieser ersten Zeit fand die Videotechnik bei den Künstlern der deutschen Schweiz wenig Anklang. Ausnahmen bildeten Urs Lüthi und etwas später Dieter Meier, Hannes Vogel und Dieter Roth, dessen Videotapes meist in Zusammenarbeit mit Arnulf Rainer entstanden. Seit Beginn der achtziger Jahre findet jedoch auch hier eine intensive Auseinandersetzung mit dem Medium statt, und eine jüngere Generation ist aktiv in die Video-Produktion eingestiegen: Hanspeter Ammann und Alexander Hahn aus Zürich; Claude Gaçon, Reinhard Manz, René Pulfer, Alex Silber und Anna Winteler aus Basel; Carlo Lischetti und Franziska Megert aus Bern.[3] Die Pioniergeneration, welche die für die Entstehungszeit der Video-Kunst charakteristische Anti-Fernsehhaltung einnahm, erforschte in ihren Arbeiten die Ausdrucksmöglichkeiten dieses neuen technischen Mediums. Minkoff beispielsweise thematisierte die Problematik des Sehens, indem er durch Überlagerung der Bänder derartige Vervielfältigungseffekte und Tiefenstaffelungen von Räumen erzeugte, dass die einzelnen Raumschichten nicht mehr unterscheidbar waren und der Raum eine ungewohnte Vieldeutigkeit bekam («Chalk Walk» und «Chulk Wulk», 1974). Bauermeister attackierte die durch das Fernsehen entwickelten Sehgewohnheiten, indem er den Anschein erweckte, das Geschehen spiele sich hinter der Mattscheibe, also im Innern des Fernsehkastens ab («Support-Surface», 1969). Oder er reflektierte das Verhältnis zwischen Realität und Abbild mit Hilfe von Überblendungen der in Phasenverschiebung aufgenommenen Videobilder («Transvideo», 1974). Er experimentierte mit dem Medium und liess beispielsweise durch die vertikale Teilung der Monitorfläche die zwei Hälften eines Gesichtes voneinander verschiedene Bewegungen ausführen («Aléatoire I und II», 1978). Mit Teilungen der Monitorfläche arbeiteten auch Janos Urban und Urs Lüthi, sie bekundeten dabei aber bereits ein stärkeres Interesse am Inhalt, auch wenn dieser in Brüchen dargestellt wurde.[4] Während die Pioniergeneration heute nur noch wenig Bänder produziert und sich auf Video-Installationen und Video-Skulpturen konzentriert (Minkoff, Olesen, Defraoui) oder zur Malerei zurückgekehrt ist (Otth), – Bauermeister ist in der Zwischenzeit gestorben – macht sich seit kurzem wieder ein neuer Aufschwung bei den jungen Künstlern der Welschschweiz bemerkbar. Es sind meist Absolventen der von Silvie und Chérif Defraoui an der Genfer Ecole supérieure d'art visuel gegründeten Klasse für audio-visuelle Kunst, zum Beispiel Patrice Baizet, Marie-José Bürki, Simon Lamunière, Eric Lanz und Jean Jacques Le Testu, ausserdem Alan McCluskey und Guy Millard.

Die jungen Schweizer Videokünstler gehören zu der sogenannten «dritten» Videogeneration, die bereits mit dem Fernsehen und den neuen Technologien aufgewachsen ist. Sie nutzen mit grosser Selbstverständlichkeit die heute entwickelten technischen Möglichkeiten, mit denen ganz neue Bild- und Ton-Rhythmen erzeugt werden können. Sie nehmen grundsätzlich keine Antihaltung gegenüber dem Fernsehen mehr ein, es bleibt jedoch ihr Anliegen, die Sehgewohnheiten des Fernsehens zu durchbrechen und die neuen Technologien nur als Hilfsmittel einzusetzen, um eine eigene Bildsprache zu entwickeln. Die Bänder werden in neuer Weise komponiert, durch kurze Sequenzen rhythmisiert und bekommen mit dem rhythmisch bearbeiteten Tonmaterial eine viel grössere Schnelligkeit als die früheren langsamen Bänder, die mit einfachen Einstellungen und wenig Schnitten arbeiten mussten. Anhand von ausgewählten Beispielen soll im folgenden versucht werden, einige Tendenzen der heutigen Schweizer Video-Kunst zu beschreiben.

Der 1962 geborene Genfer Videokünstler Eric Lanz erforscht mit seinem 1985 begonnenen «Video-Alphabet», das er teils in Bändern, teils in Installationen verwirklicht, dessen Beziehung zu mythologischen Figuren. Das Band «V/Venus» von 1985 beispielsweise beginnt mit der Form des Buchstabens «V», der sich nach und nach in das Bild eines Gynäkologenstuhls verwandelt, welcher – gross ins Bild gesetzt – mit seinen sperrigen Metall- und Lederteilen etwas sehr Bedrohliches ausstrahlt. Aus dieser realistischen Situation bricht die Kamera plötzlich zu einer Fahrt in die Tiefe auf. Durch eine runde Öffnung gelangt man in unbekannte Bezirke, wie in innere Landschaften, die ruhig und sanft dahingleiten, bis der Künstler zu einer Statue der Venus zurückkehrt, um die eine schwarze Katze – bekanntes Symbol für sinnliche Begierde – herumstreicht. Während in diesem Band sehr persönliche Vorstellungen ins Bild gesetzt sind, wird in anderen Arbeiten das Medium Video stärker reflektiert. in «E/Echo» zum Beispiel teilt Eric Lanz die Monitorfläche vertikal – ähnlich wie damals René Bauermeister –, aber er geht einen Schritt weiter als dieser. In der kartenspielartigen Gegenüberstellung des Bildes und seines visuellen «Echos» spiegeln sich lebendige Figuren oder Dinge meist in ihrer «Darstellung», das heisst als Nicht-Lebendiges, zum Beispiel findet ein lebendiger weiblicher Akt Antwort in einer Steinskulptur, ein Frauengesicht in einem Puppenkopf, eine Hand in einem Gummihandschuh, usw. Eric Lanz benutzt dabei Bilder, die uns bereits durch das Fernsehen oder den Film vermittelt worden sind; er untersucht die Medienbilder und damit verbunden unsere Reaktionen auf sie.[5] Er analysiert, wie sich das Unbewusste, unsere Wünsche und Begierden in den Medienbildern niederschlagen und durch sie wiederum beeinflusst werden. Auf diese Weise befragt er nicht mehr die technischen Möglichkeiten des Mediums, sondern die Inhalte, die durch die Medien vermittelt werden.

In dem Band «O/Orphée» von 1986 wird in fragmentierten Bildfolgen eine metallische «Unterwelt» von Gittertreppen, labyrinthischen Röhren und Klimakanälen sichtbar, in der ein junger Mann mit Hilfe eines leuchtend roten Yoyos tiefe dunkle Löcher erforscht, die ab und zu, wie als Antwort, einen Gegenstand rot aufleuchten lassen. Sich vortastend in dieser grauen Welt – zuweilen wird er von oben durch ein Loch beobachtet – gelangt er, von Opernmusik begleitet, an ein Metallgehäuse, in das er beschwörend hineinsingt und damit das Aufleuchten verschiedener roter Gegenstände auslöst. Farbe und Ton werden in diesem Band als den Bildern gleichberechtigte Ausdrucksträger eingesetzt. In einem Interview interpretiert Eric Lanz die Buchstaben in unserer Zeit als Zwischenglied «zwischen dem programmierbaren Computer und dem traumfähigen Menschen». Die mythologischen Figuren, die er mit diesen Buchstaben in Verbindung setzt, weisen «von ihrem nicht-linearen Charakter auf die voralphabetische, mythische Denkweise hin».[6] Hier ist ein Thema angesprochen, das für die Arbeiten vieler junger Videokünstler ganz zentral ist. Sie halten sich in ihrer Bildsprache nicht mehr an festgefügte narrative Strukturen, das heisst an eine Erzählweise mit einer logischen Abfolge des Geschehens, sondern stellen ungewohnte Zusammenhänge her, indem sie verschiedene Ebenen und Zeiten miteinander verbinden.

Der 1954 in Zürich geborene Alexander Hahn schildert bereits in seinen frühen «Science-fiction»-Bändern «State of being» und «The Outer Plant» von 1982 die «Geschichte» in einer nicht-linearen Darstellungsweise. Durch freies Kombinieren von Bildsequenzen verschiedener Herkunft wird eine Atmosphäre erzeugt, die der Betrachter mehr assoziativ als rational erfassen kann. Das verstärkt sich in den neuen Bändern «Secret Sanctions» von 1986 und «Viewers of Optics» von 1987. Die Bildfolgen ergeben keine zusammenhängende Erzählung mehr, sondern lassen Empfindungen, Träume, Seelenzustände spürbar werden. Alexander Hahn beruft sich dabei ausdrücklich auf seine Träume und weist darauf hin, dass sich die Sprache des elektronischen Mediums besonders gut dazu eignet, die Mechanismen des Traumes in Bilder umzusetzen. Gewisse elektronische Mittel entsprechen erstaunlich genau der den Träumen eigenen «Logik», wie zum Beispiel fliessende Übergänge von einem Raum in einen anderen oder von einer Zeit in eine andere, elektronische «Collagen», das Durchsichtigmachen von Hintergründen und ihr Austauschen durch neue Bilder. In «Secret Sanctions» bewegen sich die Akteure, wie in einer Szenerie von Kafka, nach undurchschaubaren Gesetzen, steigen endlos Treppen auf und ab, flüchten, werden verfolgt und schauen am Ende zum Horizont, wo – als «unheilvolle Vorahnung von einer weltweiten Katastrophe» (Alexander Hahn) – eine Rauchwolke in der Ferne aufsteigt.

Noch intensiver wird die apokalyptische Stimmung in dem Band «Viewers of Optics» vermittelt. Die Kamera fährt über zerfallene Häuser, abgestorbene Bäume, schmutzige Steinböden, Kanäle voller Abwässer, geht plötzlich in andere Zeiten und Räume über, wie gezeichnete Renaissance-Architekturen, vom Verkehr belebte Plätze einer Stadt oder eine Landschaft mit brennenden Bäumen, und stellt ineinanderfliessende Beziehungen zwischen ihnen her. Das Ganze ist in ein diffuses Licht getaucht und mit fast verloschenen Farben aufgenommen. Noch mehr als in den früheren Bändern setzt Alexander Hahn die Farbe hier als Ausdrucksträger ein und lässt in seinen Bildern Metaphysisches spürbar werden.[7] In diesen letzten beiden Bändern hat der Künstler eine ganz neue Bildsprache gefunden. Seine elektronischen Traumsequenzen, die nicht mehr logisch-rationalistischen Strukturen folgen, brechen mit unseren Wahrnehmungsgewohnheiten und vermitteln dadurch dem Betrachter ganz neue Formen der Erkenntnis.

Auch die Bänder des 1953 in Zürich geborenen Hanspeter Ammann halten sich nicht mehr an normierte, narrative Strukturen. Er strebt im Gegenteil an, die Bildsequenzen so aneinanderzureihen und den Rhythmus im Ablauf der Bilder so zu gestalten, dass sie der «Montage-Technik» der Erinnerung entsprechen. Er hat eine Bildsprache entwickelt, die ähnlich wie die Erinnerung funktioniert. In dem Band «Tempo da Serpente» von 1986, das Erinnerungen an Brasilien thematisiert, gelingt es ihm, mit den spezifischen Möglichkeiten der Videotechnik – wie etwa Verlangsamung oder Raffung der Bildabfolgen, Standbilder, rhythmische Wiederholungen, Unschärfen, eingefärbte Töne, Veränderung der Kontraste und der Helligkeiten – seine eigene Verarbeitung der Erlebnisse, seine Reflexionen, seine Gefühle von Trauer oder Wehmut für den Betrachter nachfühlbar zu machen.[8] In seinem neuesten Band «Gegen Gefühls Debilität» von 1987 geht er noch einen Schritt weiter. Thema ist die eigene Wahrnehmung und die Darstellung dieser Wahrnehmung. Dazu gehört, dass die Bilder nicht linear-narrativ, nach gängigen Gesetzen montiert werden, sondern so, wie sie der Stimmigkeit entsprechen.

Der 1961 geborenen, heute in Genf lebenden Marie-José Bürki geht es in ihren Bändern ebenfalls um Gedächtnis und Erinnerung. Für die meisten ihrer Arbeiten hat sie im Titel die Metapher des Elefanten gewählt, zum Beispiel «Un éléphant n'oublie jamais» von 1985. In einem Interview mit Grita Insam meint sie dazu: «Was mich im Gebrauch von Medien wie Video auch interessiert hat, ist ihre Fähigkeit zu speichern und anzuhäufen: ein Gedächtnis, ein Speicher ohne Körper. Und man sagt ja, dass ein Elefant nie vergisst.»[9] In ihrem neuesten Band «Celui qui a vu passer les éléphants blancs» von 1986 kriecht eine Schnecke von links nach rechts über den Bildschirm. Über ihr – wie durch eine Nebelschwade von ihrer Ebene getrennt und dadurch raumlos – durchqueren hin und wieder Schiffe, Autos, Menschen und Flugzeuge den Monitor, und zwar in der ihnen eigenen Geschwindigkeit, die in seltsamem Kontrast zu dem «Schneckentempo» steht. Eine suggestive Wirkung geht dabei von dem rhythmischen Klappern aus, das während des Vorüberhuschens der Bilder ertönt. Im zweiten Teil des Bandes lösen sich Fernsehbilder und Filmausschnitte in rascher Folge ab: Nachrichtensprecher, Feuersbrünste, Western-Ausschnitte, Kriegsfilme, Kampfszenen, Städtebilder. Am Schluss erscheint wieder die Schnecke, die nun ihren Lauf über den Bildschirm beendet hat. Alle anderen diskontinuierlichen Bilder liefen in der realen Zeit, die die Schnecke benötigte, ab. «Den weissen Elefanten beim Vorbeigehen zu sehen, heisst soviel wie dem vorübergehenden Wind zuzuschauen: einem Wind aus Bildern, in denen die Geschwindigkeit mit dem Gedächtnis in Konkurrenz tritt.» (Marie-José Bürki)[10]. Eine Arbeit also über das Fassungsvermögen des Gedächtnisses und sein Funktionieren in der heutigen Bilderflut sowie über die Gleichzeitigkeit der verschiedenen Ebenen und Räume.

In einen mehr strukturell-konzeptuellen Zusammenhang gehört das Videoband «ABC» des 1961 in Genf geborenen Simon Lamunière. Kombiniert werden hier die im Bild erscheinenden Buchstaben mit dem von einer Person aufgesagten Alphabet, das aber nicht der gewohnten Reihenfolge entspricht. «Durch das Umdrehen des konventionellen Gebrauchs der Buchstaben (Bildung von Wörtern) – der klanglichen Qualitäten wegen – habe ich versucht, eine neue Beziehung zwischen Bild und Text zu finden.» (Simon Lamunière)[11]. Diese neue, nicht-lineare Beziehung eröffnet dadurch, dass der Betrachter daraus Wörter und Wortfolgen zu vernehmen vermeint, einen weiten Bereich an Assoziationen.

Wenn auch die aufgeführten Künstler sehr verschieden voneinander sind und jeder seine eigene, ganz persönliche Bildsprache entwickelt hat, so lassen sich doch Tendenzen ausmachen, die ihnen gemeinsam sind. Dazu gehört das oben beschriebene Interesse an neuen Raum-Zeit-Strukturen und das Bestreben, sich mit einer nicht-linearen Bildsprache von den gängigen Normen zu befreien und ungewohnte Zusammenhänge aufzuzeigen. Dazu gehört auch die Neigung zu mythischen Denkweisen sowie zu Strukturen des Traumes und der Erinnerung.

Ursula Perucchi

Anmerkungen

1   Der folgende Text konzentriert sich auf Künstler-Videobänder und lässt alle anderen Formen des heutigen Videoschaffens, wie Performances, Dokumentationen, Video-Installationen oder Video-Skulpturen ausser Betracht.

2   Selbst Künstler der Pioniergeneration wie Bruce Nauman, die jahrelang nicht mehr mit Video gearbeitet hatten, kommen heute wieder auf dieses Medium zurück.

3   Das Kunsthaus Zürich hat seit 1980 «Video» als neues künstlerisches Medium in seine Ausstellungs- und Sammlungspolitik einbezogen. Im Zusammenhang mit regelmässig veranstalteten Video-Zyklen, in denen jeweils ein Überblick über die Video-Produktion eines Landes oder eines Künstlers gezeigt wird oder thematisch gegliederte Gruppen vorgestellt werden, haben wir eine Videothek aufgebaut, die heute rund 200 Bänder umfasst.

4   Ausführliche Darstellung der Frühgeschichte der Schweizer Videokunst siehe: Ursula Perucchi, Schweizer Künstler in der Video-Sammlung des Kunsthauses Zürich. In: Szene Schweiz. Kölnischer Kunstverein, Köln 1983, S. 6 ff.

5   Eingehende Beschreibung im Artikel von François-Yves Morin über Eric Lanz in diesem Katalog.

6   *Wind im Getriebe,* Galerie Grita Insam, Wien 1987.

7   Eingehende Beschreibung im Artikel der Verfasserin über Alexander Hahn in diesem Katalog.

8   Vgl. den Artikel der Verfasserin über Hanspeter Ammann in diesem Katalog.

9   *Wind im Getriebe,* Galerie Grita Insam, Wien 1987.

10   *Höhenluft. Video-Szene Schweiz,* Köln 1986.

11   *Offenes Ende, Junge Schweizer Kunst,* Nürnberg und Erlangen 1987, Teil 2, S. 42.

HANSPETER AMMANN

geboren 1953 in Zürich, lebt in Zürich

MONTAGE – TECHNIK DER ERINNERUNG

Ein zentrales Thema in Hanspeter Ammanns Videobändern ist die Begegnung mit Menschen, ist die Kommunikation, die auch dem Betrachter sehr direkt vermittelt wird, sei es über Gesichter (*Faces,* 1979) und dort vor allem über die Augen, sei es über den Körper, insbesondere den Akt (*Bodyviews,* 1985). Die Blicke, die den Videokünstler beim Filmen treffen, fallen später ebenso auf den Betrachter, da der Standpunkt des Aufnehmenden sozusagen auch der des Betrachters ist. Um den Betrachter aber auch an dem «Erlebnis» der Begegnung teilhaben zu lassen, ist es wichtig, die Bildsequenzen so aneinanderzureihen und den Rhythmus im Ablauf der Bilder so zu gestalten, dass der Betrachter dieses Erlebnis durch eigenes Assoziieren nachempfinden kann. Das geschieht nach der Auffassung von Hanspeter Ammann dann, wenn die Bilder entsprechend der «inneren Montagetechnik des Betrachters» montiert sind. Dabei denkt er hauptsächlich an die Art unseres Erinnerungsvermögens und strebt in seinen Videobändern an, «ähnlich zu schneiden wie die Erinnerung funktioniert».[1] Das lässt sich zum Beispiel an dem Band *Tempo da serpente* von 1986 verfolgen, das Erinnerungen an einen Aufenthalt in Brasilien thematisiert. Mit den spezifischen Möglichkeiten der Videotechnik – wie etwa Verlangsamung oder Raffung der Bildabfolgen, Standbilder, rhythmische Wiederholungen, Unschärfen, eingefärbte Töne, Veränderung der Kontraste und der Helligkeiten – gelingt es ihm, seine eigene Verarbeitung der Erlebnisse, seine Reflexionen, seine Gefühle von Trauer oder Wehmut für den Betrachter nachfühlbar zu machen. Der stimmige Einsatz dieser Mittel wird zu seiner Bildsprache.[2]

Bereits in dem 3-Minuten-Band *Kaher* von 1982, in dem Hanspeter Ammann Fremdmaterial aus einem ägyptischen Film verarbeitet hat, geht es um die Kommunikation von zwei Männern, die sich bei einer Bahnfahrt gegenübersitzen: der eine extrovertiert mit lebhafter Gestik und offenem, sprechendem Gesicht, der andere in sich verschlossen, ohne mimische Reaktion, hinter einer Sonnenbrille versteckt. «Kaher ist ein jüdischer Witz in arabischer Sprache oder die prozesshafte Beschreibung eines

Aus: *Kaher,* 1982

Kommunikationsvorganges», schreibt der Künstler dazu. Durch Dehnung des realen zeitlichen Ablaufs der Bilder und durch Verfremdung des Originaltons mit Hilfe von Wiederholungen und Verschiebungen der Tonspuren wird die Situation schlagend in ihrer Komik enthüllt.

Ein wichtiger Teil der Arbeit an einem Band besteht immer darin, dem Medium adäquate Ausdrucksmöglichkeiten zu entwickeln, die in der Lage sind, die visuelle Wahrnehmung und die Intensität der Eindrücke und Empfindungen zu reproduzieren und zu vermitteln. Dem Videokünstler kommt dabei – im Gegensatz zum Filmschschaffenden – die Möglichkeit der sofortigen Betrachtung und der ständigen Kontrolle des Bildmaterials zu Hilfe. In Hanspeter Ammanns neuer visueller Sprache hat das «Malerische» eine wichtige Funktion. Mit elektronisch manipulierten Farbveränderungen, mit eingefärbten Tönen und mit körnigen Grau-Weiss-Strukturen sowie mit der Technik der Unschärfe gelingen ihm malerische Wirkungen, die die Aussage seiner Werke wesentlich mitbestimmen. Das wird in dem Tape *Bodyviews* von 1985 besonders deutlich. Hanspeter Ammann hat für dieses Band eine Reihe von Interviews über Körperlichkeit, Sehnsüchte und Berührungen gemacht und die Betreffenden dabei meist als Akte aufgenommen oder sich selbst aufnehmen lassen. Die Interviews, durch Überlagerung aller Stimmen unkenntlich gemacht, liegen dem Band als «Sound» zugrunde. «Eine Arbeit über Körper und Körperlichkeit, über Berührung und Berührbarkeit, über Attraktion, über körperliche Realität und körperliche Sehnsucht... Eine Arbeit über die Darstellbarkeit dieser Dinge», beschreibt der Künstler seine Absichten. Vermittelt wird dies mit langsamen Sequenzen, die durch den Rhythmus der Aneinanderreihung und durch die Ausschnitthaftigkeit der Körperdarstellungen auch etwas Anonymes bekommen und eine gewisse voyeuristische Komponente miteinschliessen. Die Körper sind zuweilen in Form von «gefrorenen Bildern» (Stills) wie Landschaften ausgebreitet. Tatsächlich werden die «body views» immer wieder durch «Landschaftsansichten» bei einer Fahrt durch die Natur unterbrochen. Werden hier kräftige Farben eingesetzt wie das «Brennen» der Bäume in intensiven Rottönen, erscheinen die Körpersequenzen beinahe farblos. Die Grau-Weiss-Strukturen werden zusätzlich elektronisch sozusagen mit feinen, metallisch wirkenden Farbspänen «beschichtet».

Denkt man an die Videoarbeiten der 70er Jahre, in denen die Körperdarstellung, auch im Zusammenhang mit der Body Art, eine zentrale Rolle spielte,[3] so wird deutlich, dass in *Bodyviews* ein neues Körpergefühl zum Ausdruck kommt. Es wird nicht mehr der eigene Körper narzisshaft oder entblössend zur Schau gestellt wie etwa bei Vito Acconci; der Körper wird auch nicht mehr im Sinne einer Skulptur eingesetzt wie bei Bruce Nauman. Es wird kein Körper-

Aus: *Tempo da Serpente*, 1986

ritual mehr vorgeführt oder der Körper gefährlichen Grenzsituationen ausgesetzt wie unter anderem bei Valie Export. Es geht heute mehr darum, den Körper mit einer neuen Art von Bewusstheit und Selbstverständlichkeit wahrzunehmen, ein Körpergefühl zu vermitteln, das mehr persönlich und ganzheitlich zu verstehen ist, wobei die neue Sprache der Aesthetik eine wichtige Funktion hat.[4]

Im neuen Band *Gegen Gefühlsdebilität* von 1987 geht es Hanspeter Ammann nicht mehr um die Darstellung von Gesichtern oder Körpern; Thema ist vielmehr die eigene Wahrnehmung und die Darstellung dieser Wahrnehmung. Dazu gehört, dass die Bilder nicht linearnarrativ, nach gängigen Strukturen oder Gesetzen montiert werden, sondern so, wie sie der Stimmigkeit entsprechen.

Ursula Perucchi

Anmerkungen

1   Vergleiche obiges Statement des Künstlers.

2   Von der Arbeit des Umsetzens, des Sichtens, Schneidens und Montierens bekommt man eine Vorstellung, wenn man hört, dass in diesem Fall aus insgesamt 30 Stunden Material ein Tape von 7 Minuten Dauer entstanden ist. Meist macht Hanspeter Ammann gezeichnete Bildanalysen von dem Material. Dabei entstehen die Zeichnungsfolgen sehr schnell vor dem Monitor. Für die Herstellung eines Bandes braucht er bis zu 10–11 Monate.

3   Vergleiche Helmut Friedel, *Video-Narziss – Das neue Selbstbildnis*, in: *Videokunst in Deutschland* 1963–1982, Stuttgart 1982.

4   Ähnliches strebt die deutsche Videokünstlerin Barbara Hammann an.

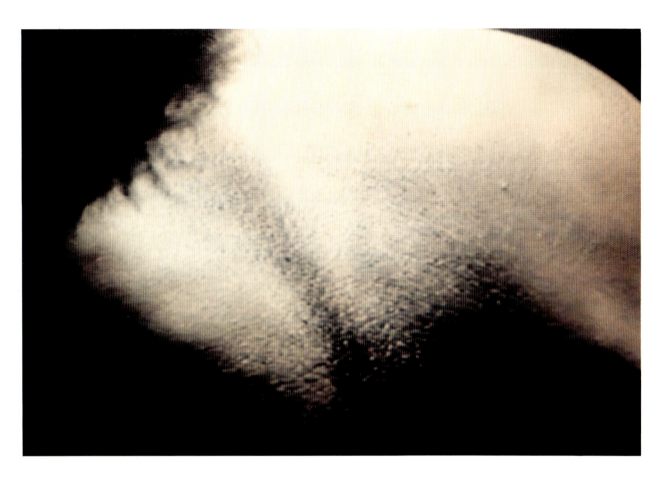

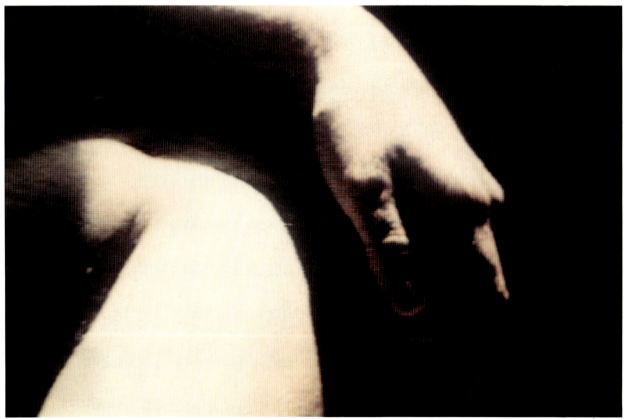

Bodyviews, 1985. 2 Stills aus dem Video-Band. Kunsthaus Zürich, Videothek

Mein besonderes Interesse gilt der Nachbearbeitung, dem Schnitt «erlebten Materials». Der videomässige Schnitt soll dabei nicht modischen Konventionen oder üblichen narrativen Strukturen entsprechen, er soll vielmehr in der privaten, inneren Montagetechnik des Betrachters Entsprechungen finden.

    Unsere eigene Montagetechnik wäre dabei die Erinnerung. Wenn es gelänge ähnlich zu schneiden wie die Erinnerung funktioniert, wäre das Resultat wohl bemerkenswert. Genauso wie es in unserer Erinnerung schwarze Sequenzen, ausgebleichte Standbilder, wiederkehrende Gesichter und dergleichen gibt, finden sich diese Elemente in meinen Bändern.

Hanspeter Ammann

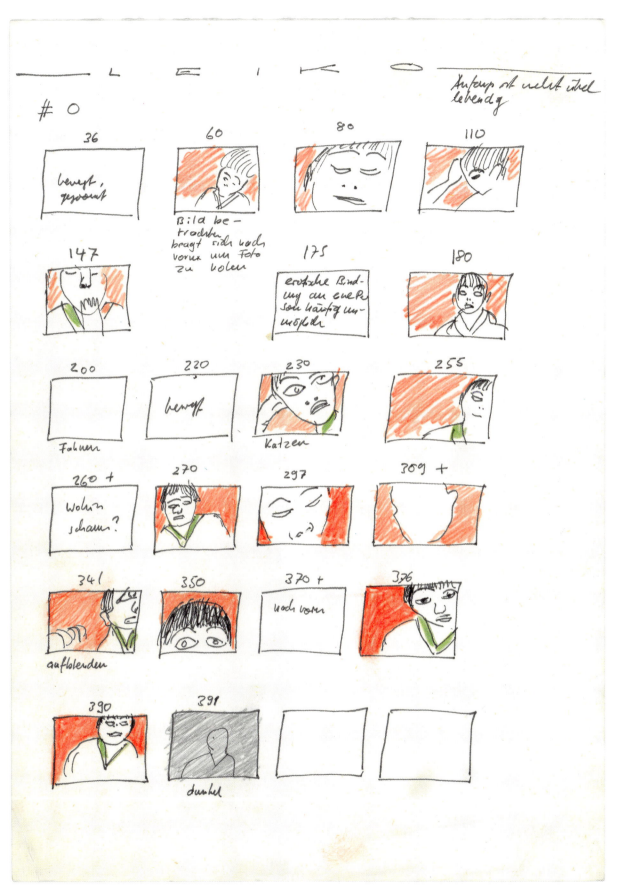

Visuelles Konzept zu *Bodyviews,* 1985. Filzstift, Bleistift und Farbstift auf Papier. 29,7 x 21 cm.

Hanspeter Ammann

geboren am 19. Mai 1953 in Zürich
1976
Volksschullehrerpatent
seit 1979
freie Tätigkeit als Videokünstler
1980
Künstleratelier der Stadt Zürich in Paris
1981
Center for Advanced Visual Studies am MIT, Cambridge (USA)
1982
Lehrauftrag für Videoseminare, Eidgenössische Technische Hochschule, Zürich; Kantonales Kunststipendium, Zürich
1983
Künstleratelier der Stadt Zürich in Genua
1986, 1987
Kunststipendium der Stadt Zürich

lebt in Zürich

Gruppenausstellungen/Videoart-Veranstaltungen

1981
Video Now, Moderna Museet, Stockholm
seit 1982
Internationales Festival für Videokunst, Locarno
1983
Szene Schweiz, Kölnischer Kunstverein (Kat.)
1984
Video 84, Montreal
1985, 1986
Forum des jungen Films, Internationale Filmfestspiele Berlin
1985
Alles und noch viel mehr, Kunstmuseum und Kunsthalle Bern (Kat.);
Fri. Art, New York (Kat.)
1. International Videofestival, Stockholm
1986
Internationales Videomeeting, Belgrad (Werkschau); *Retrospektive der Videoarbeiten,* Kunsthaus Zürich; *Videowochen Wenkenpark,* Basel; *Höhenluft. Videoszene Schweiz,* Köln; *Fest-Rio,* Rio de Janeiro
1987
Solothurner Filmtage; Offenes Ende – Junge Schweizer Kunst, Nürnberg/Erlangen (Kat.)

Videographie

1979
Abenteuer unter Wasser (4 min); *south* (3 min)
1980
faces (6 min); *Blue Moon is Saturn* (4 min)
1981
opc (5 min); *sunelect* (4 min); *pair* (6 min)
1982
rush (3 min); *kaher* (3 min); *autoportrait* (4 min); *freeze* (6 min); *the hitter* (5 min); *condition* (2 min)
1983
–30– (9 min)
1984
genova (5 min); *bandiera* (3 min); *touch* (3 min); *heartbeat* (3 min)
1985
bodyviews (13 min)
1986
el (6 min); *Tempo da Serpente* (7 min)

JOHN M. ARMLEDER

geboren 1948 in Genf, lebt in Genf

ZU JOHN M. ARMLEDER

Seit ungefähr sieben Jahren gibt es Bilder und Möbelobjekte von John Armleder, einem Künstler, der zuvor hauptsächlich mit Zeichnungen und Performances in Erscheinung getreten ist. Hatten seine ersten Bilder noch etwas Zeichnerisches, so setzte sich bald ein Arbeitsstil durch, den man nun nicht einfach im Gegensatz dazu als malerisch bezeichnen kann, der sich jedoch klar von der poetischen Raffiniertheit der Papierarbeiten absetzte. Diesen war schon eigen gewesen, dass sie nicht einen spezifisch subjektiven Stil zur Geltung brachten, sondern dass sie eher eine neutrale Bühne für die Darstellung verschiedener Verfahren boten; die Zeichnungen konnten ebensosehr Spuren von Happening-Aktivitäten vorweisen wie parakonstruktivistischen Entwürfen folgen (um Armleders Terminologie aufzunehmen), komplizierte aleatorische Methoden konnten neben simplen Mustern auftreten. Armleder spielte bereits mit einer Vielzahl von Referenzen, die sich beim Betrachter einstellen mochten: da waren Verweise auf Cages Kompositionen, auf Graffiti, aber auch auf Balla, Picabia oder die russischen Konstruktivisten. Es war bloss die Intimität des Mediums und nicht die Strategie dieser Blätter, die sie der schweizerischen Zeichenmentalität der siebziger Jahre anzunähern schien. Dass es Armleder im Gegensatz zu seinen Kollegen eher um die Dekonstruktion eines in sich geschlossenen poetischen Universums als um dessen unbeirrte Verwirklichung ging, daran lassen die Bilder und Möbelobjekte nun keinen Zweifel mehr.

1984 präsentierte Armleder zum ersten Mal Bilder in grösserer Zahl, einerseits in einer Einzelausstellung in Genf, andererseits in Auswahl in einer von ihm selbst organisierten Gruppenausstellung mit dem Titel *Peinture abstraite.* Diese Ausstellung, deren Titel in einer Zeit der Rückkehr figurativer Malerei fast manifestartig wirkte, enthielt ein Ensemble abstrakter Bilder geometrischer Richtung, in der Armleders Arbeiten integriert waren. Die Auswahl der Fremdwerke war durch die Umstände und den Zwang zur Improvisation bestimmt; sie zeigte nicht eine historische Abfolge, sondern eher die Abstraktion als Ikone der Moderne. Dass in dieser Ausstellung konkrete Maler der Zürcher Schule (Loewensberg) neben Amerikanern verschiedenster Provenienz (Held, Motherwell und Ryman einerseits, Minimal-Künstler wie LeWitt und Mangold andererseits) hingen, kombiniert mit jüngeren Künstlern wie Merz, Mosset oder Armleder selber, deutete an, dass es ihm nicht um eine genaue stilistische Definition seiner Arbeit ging, sondern fast schon um das Verwischen der Grenzen, die die verschiedenen Schulen abstrakter Malerei aufgerichtet haben. Armleder entnimmt diesen Spielarten der Abstraktion Elemente, die nur noch auf die modernistische Tradition verweisen, ohne diese in ihren Konsequenzen zu repräsentieren.

Armleders Bilder sind nicht in erster Linie malerisch, weil er nicht daraufhin zielt, die Probleme der Malerei, wie sie die Moderne radikalisiert hat, weiterzubearbeiten. Er schert aus der formalistischen

Tradition aus, die hier durchaus positiv begriffen wird und die beispielsweise von Malern wie Toroni oder Mosset fortgedacht wird, und beschäftigt sich mit der Darstellung des Begriffs «Moderne», so wie er von der Avantgarde der ersten Jahrhunderthälfte hypostasiert wurde. Er ist deshalb nicht in der Autonomie geometrischer Gestaltung befangen, sondern macht zu seinem Thema, was diese Methode historisch repräsentiert: eine bildnerische Rhetorik, die sich jenseits von Vermittlung, Verführung und Enteignung auf einem idealisierten Feld ansiedelt. Diese distanzierte Position heisst nun aber nicht, dass Armleder sich auf eine neue Form der Darstellung verlegen würde. Er unterscheidet sich darin von Künstlern wie Schuyff oder Taaffe, die in aufwendiger Weise Bilder herstellen, die entweder wörtlich Vorbilder aus den sechziger Jahren zitieren oder dann die geometrische Gestaltung als Mittel zur Herstellung eines wiederum illusionistisch lesbaren Bildfelds verwenden. Im Gegensatz auch zu Halley, dem die geometrischen Elemente Vorwand für eine symbolische Szenerie sind, entzieht Armleder seinen einfachen Punktmustern die Möglichkeit einer inhaltlichen Auflösung. Indem er die Bedeutung eines isolierten Bildes negiert und stattdessen mit dessen Kontextualisierung arbeitet, verlässt er vollends die reine Malerei. Muster dafür ist jene selbstinszenierte Gruppenausstellung, doch funktionieren auch seine Einzelausstellungen in vergleichbarer Weise: jedes Punktbild bezieht sich vorerst auf die gleichzeitig anwesenden übrigen Punktbilder, die durch ihre Faktur, die verwendeten Materialien oder durch Variationen in der Anwendung des Grundschemas voneinander abweichen, und darüber hinaus auf den Umgang mit Punkten und Rasterfeldern in der Moderne. Die Punkte eignen sich dafür besonders, da sie einerseits eine einfache gitterartige Gliederung der Bildfläche markieren; im Gegensatz zu einer quadratischen Aufteilung jedoch irritieren die Punkte die ruhige Wahrnehmung der Fläche.

In der Kombination von Bildern mit Objekten findet Armleder eine andere Möglichkeit der Kontextualisierung. Die Objekte, seien dies alte Möbelstücke oder neu erworbene Konsumwaren, weisen dekorative von anonymen Gestaltern entworfene Elemente auf, die der Malerei gegenübergestellt werden. Nicht zufällig hat Armleder mit alten Salonmöbeln begonnen, Fauteuils und Frisiertischen, die in jüngster Zeit oft durch Musikinstrumente ersetzt wurden. Degradieren die Möbel das Bild zum Ausstattungsbestandteil, das die Staffage für die Konversation bildet, so reflektieren andererseits die oft an der Stelle der Spiegel eingesetzten Leinwände die narzisstisch besetzte Position des subjektiv bestimmten abstrakten Bildes, die in der modernistischen Tradition durch den Begriff der Bildautonomie verdrängt wurde. Die Musikinstrumente wiederum nehmen ein beliebtes Stilleben-Motiv auf (man denke nur an die Gitarre der Kubisten) doch versetzen sie die Bilder aus der malerischen Tradition in die Nachbarschaft der zeitgenössischen Unterhaltungsindustrie.

Es ist nicht so, dass sich zwischen den Bildern und Objekten eine Abfolge ergäbe, dass die Bewegung vom Bild auf das Objekt hin verliefe. Bild und Objekt reagieren wechselseitig aufeinander, indem die Bildkomposition formale Eigenheiten des benachbarten Objbjekts verwertet und indem das Objekt den realen Ort des Bildes definiert. Sie verhalten sich also nicht wie Teile einer surrealistischen Montage zueinander, in der das Befremdliche des Aufeinandertreffens von Verschiedenartigem dominiert. Im Unterschied zu Rauschenbergs *Combine Paintings* geht es Armleder nicht um das Graduieren der Ebenen von Malerei, Reproduktion und realem Objekt. Die *Furniture Sculptures,* wie er sie nennt, intervenieren in der Malerei, indem sie das Bild nicht mehr als autonomes Objekt sondern als Ware behandeln und die Waren als mögliche Extension der Malerei lesen lassen.

Dieter Schwarz

John M. Armleder, *Performance*, St. Gallen 1981

Furniture Sculpture, 1986. 3 Bilder, Acryl auf Baumwolle, je 61 x 50 cm. 2 Fauteuils, je 90 x 80 x 75 cm. Galerie Catherine Issert

Ohne Titel, 1987. Acryl auf Baumwolle, 150 x 300 cm. Galerie Vera Munro, Hamburg

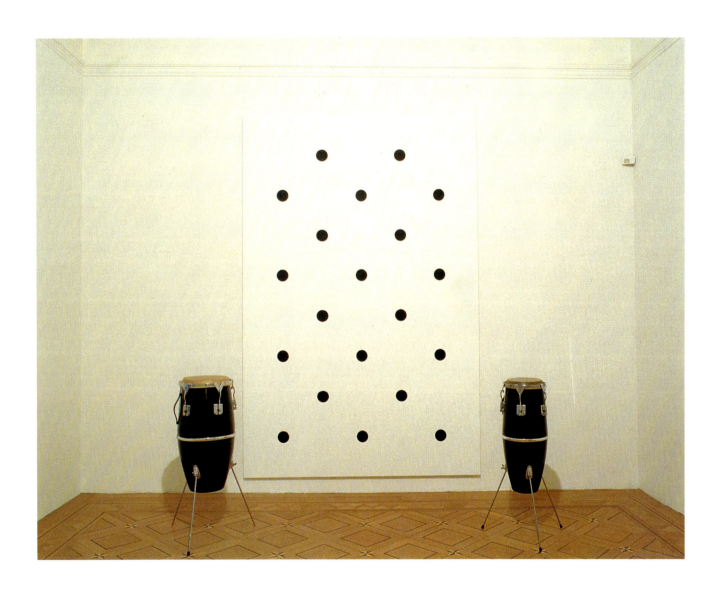

Ohne Titel («Furniture Sculpture FS 143»), 1987. Acryl auf Baumwolle, 300 x 200 cm und zwei schwarze Tumbas.
Galerie Vera Munro, Hamburg

John M. Armleder

geboren am 24. Juni 1948 in Genf
ab 1963
musikalische und andere Aktivitäten mit der *Groupe Luc Bois*
1966/67
Ecole des Beaux-Arts, Genf
1969
Mixed Media Course *(The Black Box)* bei John Epstein an der Glamorgan Summer School, England, Gründung der *Groupe Ecart* (mit Patrick Lucchini und Claude Rychner)
1972, 1974, 1976
Kiefer-Hablitzel-Stipendium
1973–1980
Galerie Ecart, Genf
1974
Ecart Performance Group
1976
Mitbegründer des *International Institutions Register*
1977
Gründung der *Leathern Wing Scribble Press*. Mitbegründer der Künstlerkooperative *Laboratorio*, Mailand. Gründungsmitglied von *Associated Art Publishers*
1977, 1978, 1979
Eidgenössisches Kunststipendium
1981
The Teu-Gum & the 16 Italians Show 1981, Centre d'art contemporain, Genf
1984
Organisation der Ausstellung *Peinture abstraite,* Ecart, Genf

lebt in Genf

Einzelausstellungen

1980
891 und weitere Stücke, Kunstmuseum Basel (Kat.)
1983
Arbeiten auf Papier 1961–1983, Kunstmuseum Solothurn (Kat.)
1985
Peintures 1985, Galerie Marika Malacorda, Genf (Kat.)
1986
42. Biennale, Venedig, Pavillon Suisse (Kat.)
1987
Arbeiten auf Papier 1967 bis 1987, Galerie Susanna Kulli, St. Gallen; *John M. Armleder,* Kunstmuseum Winterthur/Kunstverein für die Rheinlande und Westfalen, Düsseldorf/Nationalgalerie Berlin/Musée d'art moderne de la ville de Paris (Kat.); *John M. Armleder,* Musée de Grenoble (Kat.)

Gruppenausstellungen

1981
John Armleder/Martin Disler/Helmut Federle, Centre d'art contemporain, Genf (Kat.); *Schweizer Kunst '70–'80,* Kunstmuseum Luzern (Kat.)
1983
über Gewissheit, Im Klapperhof, Köln (Kat.)
1984
Künstler aus Genf, Kunstmuseum Luzern/Musée Rath, Genf (Kat.); *Zeichen Fluten Signale. neukonstruktiv und parallel,* Galerie nächst St. Stephan, Wien (Kat.)
1986
Armleder/Federle/Mosset, Verein Kunsthalle Zürich; *Geometria Nova,* Kunstverein München (Kat.); *Armleder/Mosset,* Städtische Galerie Regensburg (Kat.)
1987
John Armleder/Olivier Mosset, Maison de la Culture et de la Communication, St-Etienne/Centre d'art contemporain, Nevers (Kat.); *Documenta 8,* Kassel (Kat.); *Offenes Ende – Junge Schweizer Kunst,* Nürnberg/Erlangen (Kat.)

Bibliographie

John M. Armleder, in: Kunstforum, 63/64, 1983, S. 180–183.
HARRY ZELLWEGER, *John M. Armleder,* in: Das Kunstwerk, 4–5, 1986, S. 38–39.
GABRIELE BOLLER, *John M. Armleder,* in: Kunst-Bulletin, 3/1987, S. 1–5.
DIETER SCHWARZ, *John Armleder, Olivier Mosset, Niele Toroni,* in: Noema Art Magazine 4, Nr. 12–13, 1987, S. 72–77.

Der Katalog Winterthur 1987 enthält eine vollständige Dokumentation mit den folgenden Rubriken: Biographie; Einzelausstellungen; Ausstellungen in Gemeinschaft mit anderen Künstlern; Gruppenausstellungen; Ausstellungen des *Groupe Ecart;* Beteiligungen des *Groupe Ecart* an Gruppenausstellungen; Performances; Happenings und Performances des *Groupe Ecart;* Unterricht, Vorträge, Workshops; Bücher; Bücher in Zusammenarbeit mit anderen Autoren; Publikationen der *Leathern Wing Scribble Press;* Beiträge in Zeitschriften, Büchern etc.; Interviews; Editionen; Plakate und graphische Arbeiten; Filme und Video; Sekundärliteratur.

MIRIAM CAHN

geboren 1949 in Basel, lebt in Berlin

MIRIAM CAHN IN EINEM GESPRÄCH

mit Theodora Vischer am 12.12.1986

Im Moment habe ich immer das Gefühl, ich müsse mich sehr beeilen. Ich komme kaum nach, das, was passiert auf der Welt, irgendwie in meine Arbeit zu integrieren. Unter diesem Druck bin ich immer gestanden, nur scheint sich jetzt alles zu beschleunigen.

Es ist nicht so, dass wenn ein Unglück passiert, ich meine, ich müsse das Unglück illustrieren. Aber wenn dieses Unglück mein alltägliches Gefühl ändert, fliesst es in meine Arbeit ein.

Das Öffentliche ist privat und das Persönliche ist allgemein. Diese Überzeugung kommt ja aus den siebziger Jahren und wurde damals vor allem vom Feminismus getragen. Das finde ich immer noch richtig und wichtig. Man kann eigentlich nur aus einer «Betroffenheit» heraus, wenn es einem wirklich individuell trifft, am Körper, geistig etc., in einer vernünftigen Art und Weise, also nicht rein ideologisch oder rein kopflastig, zu handeln beginnen. Dann fallen einem nämlich auch die Verfahren ein, die an die eigene Person gebunden sind und aus ihr entstehen. Das Private ist ein ganzer Körper, der ganze Mensch, in meinem Fall eine ganze Frau. Ich kann von meinem Frausein ausgehen, von meinem Körper, von meiner Umgebung. Ich kann meine Sozialisation als Ausgangspunkt nehmen. Mein Körper wird so zum Werkzeug – oder zum Sieb, wo oben etwas hineingelassen wird, was unten anders wieder herauskommt. Ich gehe so vor, weil ich meine, dass der Körper ein eigenes Gedächtnis hat, das wir vielleicht nicht kennen. Ich spreche jetzt nicht vom Unbewussten, sondern ich spreche vom Körper, der selber sieht, bestimmte Erlebnisse gehabt hat und hat, an die wir uns nicht mehr zu erinnern vermögen.

Das Verfahren ist, dass ich mich beim Zeichnen in eine Lage hineinversetze, wo sich der Körper erinnern kann. Vielleicht kommt dann etwas Individuelles aus meiner persönlichen Geschichte zum Ausdruck, kombiniert aber – und das ist meine Spekulation – mit einer Art Menschengeschichte.

Ich meine, dass ich auf dieser Basis sehr viel machen kann. Jeder Mensch hat dieses Körpergedächtnis in sich. Dadurch, dass ich eine Frau bin, kommen andere «Erinnerungen» zum Ausdruck als bei Männern. Dieses Verfahren finde ich daher so spannend, weil so die Möglichkeit besteht, unserer männerorientierten Kultur wirklich neue Sachen entgegen- und dazuzustellen.

Die Reihungen, die Serien, die winzigen Unterschiede zwischen einzelnen Arbeiten durch die Wiederholungen, die Vergänglichkeit des Materials – all das steht im Unterschied zu einem in sich geschlossenen festen Bild. Ich wusste von Anfang an, dass die klassische Art des Bildermachens, wo man die inneren Bilder, die man auf die Leinwand malt, im Malen ständig kontrolliert, ständig wieder Distanz zu ihnen nimmt, nicht das ist, was ich will, was mit meinem Alltag und vor allem mit dem Zyklischen als frauenspezifische Erfahrung übereinstimmt. Ich wollte ein Verfahren, wo man sich gezielt hineinstürzt und danach wieder daraus heraustaucht – in einem Mal. Was ich dabei bestimmen will, ist die grösstmögliche Konzentration beim Tauchen; was ich nicht will, ist eine Kontrolle mit den Augen.

Die «Landschaften» und die neuen Serien «mit den Kindern und Tieren» wachsen logisch aus meiner Arbeit hervor. Es ist eigentlich eine Weiterführung vom «Klassischen Lieben» (1983), nur ist es jetzt weniger einfach, komplexer. Dort war es ein Versuch, mit den Maschinen parallel zu den Frauenfiguren, zum weiblichen Bereich, die Aussenwelt zu zeigen. Dieser Versuch hatte seine eigenen Grenzen, ich musste damit aufhören. Eine Weile lang machte ich dann «Das wilde Lieben», wo die Thematik ausschliesslich auf Frauenfiguren in Menschengrösse beschränkt war. Ich wusste aber schon, dass das auch seine Grenzen hat. Und dann sind die kleinen Frauen gekommen. In dem Moment, wo ich angefangen habe, die Frauen mit den Kindern und Tieren durcheinanderzuwirbeln, eigentlich innerhalb lockerer umzugehen, hat es sich aufgedrängt, etwas von der Aussenwelt wieder aufzunehmen. Das ist jetzt in Form dieser Landschaften gekommen, die als Natur in sich ja sehr vieldeutig sind.

Die Blätter mit diesen Frauen, Kindern und Tieren haben etwas Visionäres, Utopisches. In jeder Kunst muss das ja irgendwo sein. Das liegt auch im Wesen der Sache. Man muss nur sorgfältig mit diesen Begriffen umgehen. Aber es liegt schon im Wesen der Sache. Diese Blätter sind insofern utopisch, als ich versuche, Sachen zusammenzukriegen, die irgendwann einmal auseinandergeklafft sind. Wenn ich ausschliesslich den Zustand des Auseinanderklaffens zeigen würde, dann würde meine Arbeit illustrativ werden, und das ist nichts. Es ist klar, dass durch zurückdenken die Vision hineinkommt. Mein Arbeiten führt so eine Art Schlaufe aus, deren Schnittpunkt bei mir ist.

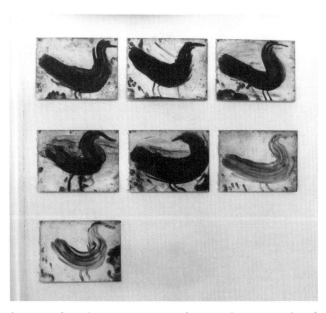

L.I.S. (schlechter tag) nur vögel, 28.4.1987. Serie von 7 Blättern, schwarze Kreide auf Papier, je 30 x 41 cm

traumteile, alltag + arbeit

langsam kreise ich wie ein segelflugzeug oder adler über eine immer grössere landschaft. ich höre einen dumpfen knall es ist eine atombombe ich lese in der zeitung oder höre im radio dass auch in zürich rom + paris solche bomben abgeworfen wurden. ich lasse mich im klaren fluss treiben der aboriginesmann treibt neben mir + wir lieben uns im wasser. in einer stadt am meer stehe ich am quai + sehe im klaren wasser robben seehunde grosse fische + sonstige undefinierbare tiere + zeige sie den leuten ich sehe als einzige das tote kind auf dem klaren grund des wassers. s. hilft mir indem er mir einen getrockneten kleinen fisch + einen länglichen gegenstand gibt gegen meine menstruationsbeschwerden. wir stehen an einem kreuzweg binningerhöhe bei basel flugzeuge rasen über unsere köpfe hinweg manche so schnell dass wir sie kaum sehen. meine schwester trägt die muscheln mit die sie beim baden in bergseen gesammelt hat. ich presse beim rennen meine kleine tigerkatze an mich. ich weiss dass neben dem bundestag in dem ich mich befinde der rhein durchfliesst ich sehe ihn gross + schön durch die gekachelte mauer des wasserwerkes hindurch. wir sind in einer wässrig-durchsichtigen landschaft + m. sammelt pflanzen + tiere vor allem diese wilde wespe deren stich zwar nicht tödlich aber schmerzhaft ist.
mir träumte von basel als weltstadt: dass am hellichten tag eine schwarze wolke über die stadt rollte + alle in panik rannten. ich wartete in einem ostberliner cafe, bis sich die wolke verzog.
ich sehe die strasse hinunter zum rhein wir rennen ausgelassen diesen australischen hügel hinauf zum kolonialplatz wir küssen uns wir rennen wieder hinauf zur kuppe: hier australien im sonnenuntergang dort der strand + das meer. im elternhaus sehe ich durch grosse fenster mittelalterliche dächer hügel + diese grosse stadt im klaren licht ich sehe auf den rhein das haus steht am wasser ich sehe in das klare grünblaue wasser + an die boote. wir laufen auf dieser tropischen insel über europäische hügel + kiefernwälder mit waldböden voller nadeln ich höre das meer rauschen + sehe die mir schon bekannten hohen grauen wellen. ich laufe über die mittlere brücke a. deckt den tisch für 3 wir sitzen essend auf der brücke es ist sommer südlich mittelalterlich basel wie es einmal gewesen sein mag.

a. erzählte mir, dass alle junkies der stadt verseucht seien.

g. erzählt mir, sie hätte den morgen zwischen 5 + 7 in panik verbracht.

mein vater erzählte mir, dass er zwischen 5 + 7 in seinem haus sass + nicht wusste wie atmen.

meine mutter erzählte mir, dass sie von ihrem fenster aus das unglück gesehen hätte + sandte mir eine zeichnung.

mein vater erzählte mir, dass ihm viele freunde telefoniert hätten.

h. erzählte uns, dass er nur überlebt hätte, weil er sich unscheinbar wie eine maus verhalten hätte.

erzählte mir, dass er zwischen 5 + 7 zu hause die beste flasche wein aufgemacht hätte + rauchend + wartend dagesessen hätte.

r. erzählte mir, sein kollege mit der perfekten frisur könne plötzlich seine haare nicht mehr kämmen.

ich dachte beim rennen zum glück ist a. in den ferien ich dachte jetzt sterben sie alle ich dachte ich muss sofort hin.

a. erzählte mir, die menschen ständen auf der brücke + sähen ins wasser.
schwäne + enten + möwen schwammen auf dem fluss, das wasser floss durch die stadt.

später sah ich in den fluss + sah nichts.

ich arbeite in weiblichem rhythmus:
24 tage arbeit, 6 tage ruhe oder:
25 tage arbeit, 5 tage ruhe oder:
26 tage arbeit, 5 tage ruhe.

kleine tiere laufen während meiner abwesenheit durch den schwarzen staub + hinterlassen ihre wege.

ich arbeite mit weiblichen energien: »eisprungarbeiten« während meines eisprungs, »blutungsarbeiten« vor meiner blutung.

ich habe diese 2 räume: STAUB + WASSER

mit dem messer schabe ich die schwarze kreide zu staub, den rest hacke ich zu stückchen wie hausfrauen oder köche es tun, mische sie mit dem staub + forme einen hügel, schleudere, streue den staub auf grosse weisse blätter + liege kaure knie beim arbeiten im papier.

ich schleudere die wasserfarben: magenta, blau, gelb das gespannte papier empor, vulkane oder A- + H-bomben nachahmend, die farben fliessen wieder langsam hinunter + mischen sich.

LESEN IN STAUB – strategische orte   miriam cahn 1987

L.I.S., 3.1.1987. Serie von 3 Blättern, schwarze Kreide auf Papier, 180 x 490 cm

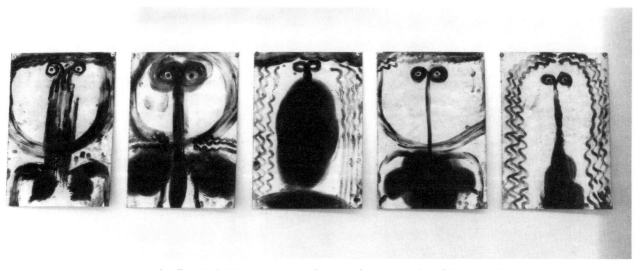

L.I.S., 1 minute ich selbst, 18.4.1987. Serie von 5 Blättern, schwarze Kreide auf Papier, je 42 x 30 cm

A-+H-tests, 1986. Aquarell auf Papier, je ca. 140 x 120 cm

A-+H-tests, 1986. 3 Serien, Aquarell auf Papier

LESEN IN STAUB – strategische orte, 17.11.–21.11.1986. *see, bergpass/kratersee/stadt in den bergen* (4 Blätter = 1 Raum), schwarze Kreide auf Papier, Höhe 275 cm. Museum Boymans-van-Beuningen, Rotterdam 1987

(strat. orte) landschaften, 30.7.–4.8.1986. *stadt/hügel+wasser* (5 Blätter = 1 Raum), schwarze Kreide auf Papier, Höhe 275 cm. Stampa Basel, 1987

Miriam Cahn

geboren am 21. Juli 1949 in Basel
1968–1973
Graphikfachklasse, Kunstgewerbeschule Basel
1973–1976
Zeichenlehrerin und wissenschaftliche Zeichnerin
1978/79
Atelier der Stadt Basel in Paris
1980
Mein Frausein ist mein öffentlicher Teil, Zeichnungen an der Nordtangente Basel; *masculin-féminin,* Kurs an der Ecole d'Art visuel, Genf
1984
Förderpreis des Landes Baden-Württemberg
1985
DAAD Berlin

lebt in Berlin

Einzelausstellungen

1977
Galerie Stampa, Basel
1979
Affaire d'hommes? Affaire de femmes, Goethe-Institut, Paris
1980
Galerie Stampa, Basel
1982
(WACH RAUM I), Konrad Fischer, Zürich; *(WACH RAUM III),* Kunsthaus Zürich
1983
Das klassische Lieben, Kunsthalle Basel (Kat.)
1984
Das wilde Lieben, Galerie Stampa, Basel; *frauen, frauenräume, état de guerre. DAS WILDE LIEBEN,* Biennale di Venezia (Kat.)
1985
Strategische Orte, Kunsthalle Baden-Baden (Kat.); Elisabeth Kaufmann, Zürich
1986
Strategische Orte, Städtisches Kunstmuseum, Bonn (Kat.); daadgalerie Berlin (Kat.); Galerie Stampa, Basel

Gruppenausstellungen

1979
Feministische Kunst International, Den Haag/Amsterdam
1981
Künstler aus Basel, Kunsthalle Basel (Kat.); *Aspekte der Jungen Schweizer Kunst,* Städtische Galerie Regensburg (Kat.)
1982
documenta 7, Kassel *(WACH RAUM III),* vor der Eröffnung abgehängt (Kat.)
1983
Szene Schweiz, Kölnischer Kunstverein (Kat.)
1985
Cross-Currents in Swiss Art, Serpentine Gallery, London (Kat.)
1986
Biennale Sydney, *Strategische Orte*
1987
tekenen 87, Museum Boymans-van Beuningen/Centrum beeldende Kunst/Rotterdamse Kunststichting, Rotterdam (Kat.)

Bibliographie

JEAN-CHRISTOPHE AMMANN, *Miriam Cahn,* in: Kunst-Bulletin, 3/1985, S. 10–12
SIEGMAR GASSERT, *Miriam Cahn,* in: Das Kunstwerk, 39, 4–5, September 1986, S. 48–49
THEODORA VISCHER, *Die Falschheit der Bilder,* in: Kat. Kunsthalle Basel 1983
THEODORA VISCHER, *Miriam Cahn: «STRATEGISCHE ORTE»,* in: Kat. daadgalerie Berlin, 1986

MARTIN DISLER

geboren 1949 in Seewen/SO, lebt in Samedan und Mailand

GRABEN – GRÄBER

Notizen vor dem Bild

Ein Bild voller Schwarz: Schwarz in zerklüfteten Strichbahnen, in ausgefransten Strichen und verkreuzten Linien durchmengt weisses, gelbes und graues Farbgewölk im überlebensgrossen hochrechteckigen Format des Bildes. Gleichsam von Sturmgewalten aufgebrochene Farbfelder treiben als flackrige Linien über aufgewühlten Flächen. Die Apokalypse der Malerei schlechthin? Flecken formen sich zu Gesichtern, formulieren Augen und lösen sich wieder auf. Linien verkörperlichen sich, erinnern an Arme und Beine und entkörperlichen sich wiederum zu Strichknäueln. Es will sich kein eindeutig lesbares Bild einstellen. Das Gesehene verliert sich in der Malerei, als enthielte diese übereinandergeschichtet Tausende von möglichen Menschen-Bildern. Diese Bereitschaft der Malerei, mit ihren Flecken, Flächen, Bahnen und Linien die Vorstellung von Gesichtern, Körpern und Menschen zu evozieren, wird bestimmt von der gestischen Intensität der Malerei. Diese Intensität ist die primäre Eigenheit des Bildes. Die Kraft der Malerei greift den Menschen an; die Malerei visualisiert den Zweikampf zwischen Künstler und Bild. Die Malerei erschafft als Malerei das Bild. Sie sucht ihr Sein im Bild des Menschen, den die moderne Kunst längst aus ihrer Geschichte ausgeschlossen hat. Die Apokalypse der Malerei hat sich verlegt; die Malerei kämpft mit der Apokalypse des Menschen-Bildes: Entstehen und Sterben in einem.

Feuer wärmt und verbrennt. Mass und Übermass regulieren das Feuer. Es selbst neigt zum Übermass. Der unberechenbare Moment ist ihm potentiell eigen. Feuer ist Leidenschaft. Liegt die Betonung zu sehr auf Leiden, verbrennt sich die Leidenschaft. Das Bild «Graben – Gräber» ist ein Bild der Leidenschaft so sehr wie ein Bild des Feuers: rote Flammen, schwarze Rauchschwaden, graue Asche. Feuer durchwärmt, so wie Leidenschaft durchwärmt. Der Blick ins Feuer beschwört Bilder. Die Leidenschaft zum Erkennenwollen fasziniert.

Sechs Bilder, respektiv sechs Bildeinheiten ordnen sich zum Triptychon. So wie die Sonne dem Mond und der Mond der Sonne antwortet, spiegelt sich jeder Bilddrittel der oberen Reihe in jedem Bilddrittel der unteren Reihe und umgekehrt. So legen die drei Karten, zusammengesetzt aus sechs komplexen Bildeinheiten, das Bild vom Mensch-Sein aus. Die Lesearten der Karten sind unzählige. Unmittelbar ist die Gestaltungsweise.

Der Mensch in diesem Bild von Martin Disler bewohnt keine äussere Hülle mehr. Weder umschlossen noch eingeschlossen in einem festen Körper, zeigt er sich wie verletzt oder zersetzt. Aufgerissen öffnen sich seine Wunden nach aussen. Sein Inneres ist zu seinem Äusseren geworden. In solcher Durchlässigkeit verblutet er in und an der Malerei. Eigenschaftslos geworden, überschreitet der Mensch seine körperliche Raumhülle und stösst in den abstrakten Energieraum der Malerei vor.

Die im Balanceakt von Figuration und gestischer Malerei hervorgerufenen Gestalten lassen sich als männlich und weiblich unterscheiden. Mann und Frau antworten sich im ganzen linken und rechten

Graben – Gräber, 1986. Verschiedene Materialien auf Papier, 270 x 227,5 cm. Privatbesitz

Bildflügel als zwei prinzipielle Zustände von Sein. Der Mann, das heisst der Maler, erfährt sich von Innen her nach Aussen, Bewegung ist ihm immanent. Die Frau erlebt er umgekehrt als das Gegenüber, von Aussen nach Innen. Das Fremde im Anderen spiegelt das eigene Unbekannte. Die Kluft zwischen den verschiedenen Seinserfahrungen hebt sich im unmittelbaren Moment des Malaktes auf. Ist dieser Prozess beendet, stösst das Bild den Maler – im stürzenden Gesicht im oberen Mittelteil – von sich. Der Maler fällt. Wohin? Die schwarze opake Fläche im Mittelgrund des Bildes öffnet sich. Ein Abgrund? Im Abgrund leuchten rote und gelbe Linien auf. Ein Meditationsfeld?

Die Schädel haben ihren Ort in dem Gehäuse, das wie eine aufgeschnittene Frucht erscheint. Sie liegen eingebettet im Kreislauf der Natur von Werden und Vergehen. Die Erde verwandelt die Materie, definiert den Tod als Moment des Überganges. Der Graben vom imaginären Bild zum gemalten überwindet der Malakt. Die Umwandlung der inneren geistigen Energie in den Gestus der Malerei entspricht der Entmaterialisierung der Materie im Erdinnern. Die Vision des Malers umfasst beide Bilder. Über den aufgebrochenen Graben hinweg muss sich die innere und äussere Natur, das innere und äussere Bild gespiegelt im schöpferischen Akt zusammenfinden. Die Sichtbarmachung dieser Grenzüberschreitung scheint sich der Gestaltung zu entziehen: Die schwarze Fläche berührt die Grenze der malerischen Formulierbarkeit.

Das Kartenlegen hat Tradition. Das Triptychon verkörpert in seiner Tradition die geschichtliche Dimension des Menschen-Bildes. Die Kreuzigung Christi fand auf Golgatha statt. Die Schädel deuten die Schädelstätte an. Das schwarze Gesicht transformiert sich zur mehrdeutigen Metapher der Natur, ihres Kreislaufes, der keine Wertung kennt. Nur ist die Natur dem Menschen fremd geworden.

Dem festverankerten Gesicht entspricht das stürzende gräuliche Haupt. Herausgeworfen aus einem bekannten Raum, fällt dieses in einen unbekannten Raum. Gottvater scheint zu zürnen. Nach seiner Entthronung stürzt er und stellt damit die in Decartes Formel «cogito ergo sum» fixierbare Selbstgewissheit des Ich in Frage. Diese Formel erhob das Ich zum Abbild Gottes. Auf die Euphorie der Grenzüberschreitung folgt das Gefühl des Schmerzes. Der Graben des Daseins öffnet sich. Die Kreuzigung ist nicht mehr darstellbar, und damit entfällt der Trost. Der verlorene Raum entgleitet, so wie der neue, in den es vorzustossen gilt, noch keine Konturen aufweist. Erkennen ist ein unmittelbarer momentaner Akt, wie das aufscheinende Licht in der Bildmitte. Licht tritt überall und zu jeder Zeit auf. Die subjektive Befindlichkeit entscheidet. Dies gilt für den Maler so sehr wie für den Betrachter. In seiner offenen Gestaltungsweise bietet das Bild ein vieldeutiges Gefäss für die Interpretation. Es selbst wertet nicht, gibt keine Antwort. Es formuliert gleichsam die Problematik der Gestaltbarkeit des heutigen Menschen-Bildes.
Laura Arici

Ohne Titel, 1984. Acryl auf Leinwand, 288 x 254 cm. Courtesy Thomas Ammann, Zürich

Diese Arbeit entstand mit der linken Hand, während 5 Wochen im November/Dezember 1985, als ich wegen einer Sehnenoperation den rechten Arm in einem Gipsverband zu tragen hatte.   *M. D.*

Aus: *Vase des Schmerzes – ausfliessendes Gesicht weisser Rasse,* 1985. 82 Teile, Aquarell auf weissem Papier; Gouache auf schwarzem Papier; Skulptur: Holzkohle, Flüssigholz, Acryl. Elisabeth Kaufmann, Zürich

Martin Disler

geboren am 1. März 1949 in Seewen/SO
1969
Ateliergemeinschaft mit Agnes Barmettler; Hilfspfleger in der Kantonalen Psychiatrischen Klinik Rosegg/Solothurn
1971–1978
Dulliken bei Olten
1974
Solothurner Kunstpreis
1976
Werkjahrbeitrag des Kantons Solothurn
1976/77
Studienaufenthalt in den USA
1976, 1977, 1979
Kiefer-Hablitzel-Stipendium
1978–1981
Zürich
1979/80
Atelier in der Roten Fabrik
1985
Bremer Kunstpreis
1987
Preis für Junge Schweizer Kunst der Zürcher Kunstgesellschaft

lebt in Samedan und Mailand

Einzelausstellungen

1973
Kunstmuseum Olten (Kat.)
1976
Kunstmuseum Solothurn (mit Helmut Federle; Kat.)
1979
InK, Zürich (Kat.)
1980
Invasion durch eine falsche Sprache, Kunsthalle Basel (Kat.)
1981
Die Umgebung der Liebe, Württembergischer Kunstverein, Stuttgart (Kat.)
1983
Werken op Papier, Stedelijk Museum, Amsterdam
1983–1985
Zeichnungen 1968–1983 und das grosse Bild «Öffnung eines Massengrabs», Museum für Gegenwartskunst, Basel/Groninger Museum, Groningen/Kunstverein für die Rheinlande und Westfalen, Kunsthalle Düsseldorf/Musée cantonal des Beaux-Arts, Lausanne/Ulmer Museum, Ulm/Mannheimer Kunstverein, Mannheim (Kat.)
1985
ARC. Musée d'art moderne de la ville de Paris (Kat.); Museum Folkwang, Essen (Kat.); Kunsthalle Bremen
1986
Den ganzen Wien-Fluss austrinken, Wiener Secession, Wien (Kat.); *Fogo Sujo,* Museu de Arte Moderna, São Paulo
1987
Kestner Gesellschaft, Hannover; *Die Umgebung der Liebe,* Württembergischer Kunstverein, Stuttgart (Wiederaufführug des Bildes von 1981 während 10 Tagen); Studio d'Arte Cannaviello, Mailand (Kat.)

Gruppenausstellungen

1981
Schweizer Kunst '70–'80, Kunstmuseum Luzern (Kat.); *Bilder,* Kunstmuseum Winterthur (Kat.); *Aspekte der Jungen Schweizer Kunst,* Städtische Galerie Regensburg (Kat.); *30 Künstler aus der Schweiz,* Innsbruck/Frankfurt/Wien; *Armleder, Disler, Federle,* Centre d'art contemporain, Genf (Kat.)
1982
documenta 7, Kassel (Kat.)

1983
Aspects of European Postwar Painting, Guggenheim Museum, New York (Kat.); *Künstlerräume,* Kunstverein Hamburg; *aktuell 83,* Lenbachhaus, München (Kat.)
1985
Cross-Currents in Swiss Art, Serpentine Gallery, London (Kat.)
1986
Hommage à Beuys, Lenbachhaus, München (Kat.)
1987
Die Gleichzeitigkeit des Anderen, Kunstmuseum Bern (Kat.)
Offenes Ende – Junge Schweizer Kunst, Nürnberg/Erlangen (Kat.)

Eigene Publikationen

Amazonas, Olten: Elisabeth Kaufmann, 1975 (Buch zur gleichnamigen Ausstellung, mit Theo Kneubühler und Rolf Winnewisser).
Bilder vom Maler, Dudweiler: AQ-Verlag, 1980.
Schwarzweisse Novelle, Zürich: Elisabeth Kaufmann, 1983. *Verwandlung des Einen in das Andere. Bleistiftzeichnungen,* Zürich: Elisabeth Kaufmann, 1984.
Bleeding Dancers, München: Edition Karl Pfefferle, 1985 (zusammen mit Demosthenes Davvetas).

Bibliographie

DEMOSTHENES DAVVETAS, *L'Arte della «Sopravvivenza»/The Art of Survival,* in: Kat. Mailand 1987.

OLIVIA ETTER

geboren 1956 in Zürich, lebt in Zürich

ZU OLIVIA ETTER

Keinen Anfang hat sie, endet aber schön mit trotzigen Haarsträhnen und den schnellen Fingern einer Arbeiterin. Tastfühler überall, und in der Luft knistert eine grosse Ungeduld. «Bin ein *hoffnungslos* schöpferischer Mensch», bekennt Olivia Etter und versichert im gleichen Atemzug, dass die Hoffnung für sie das Lebenswichtigste schlechthin sei. Die tolle Contradictio in adiecto vereint sich problemlos in einer Person. Ihre geistige Habe, alias «Dokumentation», besteht aus einem weissen Koffer, einer Schublade und einer Plastiktüte. Der Inhalt droht mit Sintflut, aus allen Ecken quillt Gezeichnetes und Geschriebenes in Blättern und Fetzen, Neuschöpfungen von Urtieren kopulieren in chaotischer Vitalität mit erzählten Bildern, Aberhunderte von Einfällen verquicken sich mit Fotos von einem Gesicht in vielerlei Gestalt: Prinzessin und Putzfrau, ein Herr, Knecht und Clown.

Olivia Etter liebt Geschichten und hat zu ihrer eigenen ein libertäres Verhältnis. In der buchhaltungsmässig kaum rekonstruierbaren Chronologie markiert die Zeit des Vorkurses an der Kunstgewerbeschule Zürich eine beinahe magische Schwelle, den damals hat O. E., «so furchtbar unbelastet in solchen Dingen», ihre süchtige Lust am Kunst-Leben entdeckt. Um sich nach dieser verrückten Erkenntnis das «praktische Leben» zu sichern, lief sie mit einer Zeichnungsmappe, viel Mut und der resoluten Forderung «Ich brauche eine Lehrstelle, ab sofort» an der Bahnhofstrasse von Haus zu Haus und erreichte ihr Ziel. Als gelernte Dekorateurin jobbte sie dann in verschiedenen Berufen, ihr eigenes Anliegen, «sich leben», verriet sie aber nicht: «Ich hatte es in mir schon zu fest geweckt. Es tobte in mir, es klopfte, es schrie, es wollte hinaus, ich wollte ja auch, dass es hinausgeht, aber ich hatte es in der äusseren Welt noch nicht organisieren können, dass es geht». Der entscheidende Stups von Bice Curiger half Olivia weiter: Im *Saus und Braus*-Katalog debütierte sie als «Clochardkönig» und versetzte mit bemalten Tüchern ein Räumchen im Strauhof in eine Urwald-Stimmung. Verwundert, dass sie plötzlich so «öffentlich» wurde, nahm O. E. mit Bedenken Patrick Freys Einladung zur Ausstellung *Bilder* in Winterthur an und baute im ehrwürdigen Museum eine Bilder-Bar. Von neun fiktiven Freundinnen und Freunden, denen sie selber Fotomodell stand, liess sich «die letzte Dadaistin» etwas für den Katalog eigenhändig schreiben. Die Mystifikation mit dem Pseudonym-Ritual war doch kein Versteckspiel. In einer erweiterten, verschobenen Optik der Selbstdarstellung sah sich Olivia von aussen. Die Lage war klar: «Es brach dann einfach aus, unfertig, wahnsinnig, süchtig nach mehr.» Aus einem von David Weiss geschenkten Polyurethan-Block schnitzte sie 1982 die erste «Skulptur» – zwei Tiere, die sich liebkosen und fressen, lösten das Dilemma zwischen Malen und Formen. Die frühen Bilder «waren bloss Düfte in gemeinen Farben auf einem unklaren Hintergrund», aus welchem sich seltsame Bewohner, Knäuel, Schlingen und Dinge herausschälen und verselbständigen wollten. Jetzt war ihre Realität da, und was für eine!

Mit der ersten Zürcher Einzelausstellung 1984 beginnen auch die Schwierigkeiten einer «legitimen» Eingliederung in die Kunstszene. Bisher simultan zwischen Medien wechselnd, konzentriert sie sich jetzt auf das neu Entdeckte und bleibt weiter unangepasst, denn «es geht immer ohne Normen für sich selbst». Während ihre Generation eifrig malt, modelliert Olivia, von Zeichnungen ausgehend, merkwürdige Mischwesen, die mit dem lexikalen Begriff «Skulptur» höchstens den Namen gemeinsam haben. Naturgetreu, mit der raffiniert vorgetäuschten Naivität eines Volksschnitzers lockt sie Fische auf eine Leiter, lässt Chimärenköpfe aus einem Stosszahn keimen und überlangsam kriechende Schildkröten die Ewigkeit auf dem Buckel tragen. Weibliche Kennzeichen, Wasser, Vasen und Mond behaupten sich wiederholend in diesen mänadisch-sibyllinischen plastischen Erzählungen wie Hexenformeln zwischen Jubel und Fluch. Das Material bleibt ästhetisch neutral und dient pragmatisch der Realisierbarkeit. Wie Erinnerungen fixieren sich die Figuren in Schichten aus Polyurethanschaum, Gipsbandagen und einer für die «Haut» geeigneten Modelliermasse, die als Unterlage für Acryl-Polychromie verwendet wird. Am Schluss wirkt dieses Gemisch von technischen Stoffen organisch wie ein Urmaterial. Die pervertierte Geschichtlichkeit und Promiskuität irritiert. Alt, neu oder modern? Ein Sanktuarium im McDonald-Stand? Ein billiges Surrogat oder «prima Materia» im tiefsten Sinne? Hat Olivia Etter etwa den Manieristen, Alchimisten oder Joan Miró in die Küche geschaut? Sind ihre diabolisch heiligen Mutanten und Reptilien zu Gottes Spott und Lob gotischen Kapiteln entsprungen? Oder hat sich die Bürgerin von Urnäsch bei dem Modellieren ihrer struppigen Körper-Rinde an die wüsten Kläuse erinnert? Diese Kunst ist nicht aus Kunst gemacht. «Was ich selbst nicht ganz begreife, nur mit Ahnung fass' und streife, dies ist, wo ich gerne weile, wo ich grabe, wo ich feile», deklamiert eine Mädchenstimme, die einer Frau gehört. Poesie? Zu wenig. Kosmogonie? Zu viel. Spielend heiter, doch mit dezidierter Gewissheit kreiert Olivia Etter offene, immer wieder mögliche Kreisläufe von absurd realen Begebenheiten, die das urbane Bewusstsein mit archetypischen Empfindungen versöhnen. Sie greift Urzeiten an, in welchen eine Puppe noch kein Spielzeug, sondern magische Gewalt war.

«Herrgott, mir fehlt ein Hirtenhund», steht in Olivias Notizen. Und in der Tat, es verlangt einiges, um diese Herde von Einfällen beisammen zu halten, und sich selber nicht zu entfliehen. «Was in mir ist, will ich um mich haben». Einmal, noch in der «privaten» Zeit, verwandelte Olivia ihr Krankenzimmer in einen Schlaraffenraum mit Bäumen, Blumen, Würsten und lud «tout le monde» ein. Das Bedürfnis nach offener Zuflucht, einem «zu Hause», liess sie nicht los. Die Dinge, die sie heute macht, versteht sie als Wegweiser zu einer Oase, die sie einmal, irgendwo, für alle Kommenden und Gehenden errichten möchte. Kein künstliches Paradies und keine Utopie, bloss einen Ort mit Wasser, damit die wunde Welt nicht geheilt, aber begossen wird. Zweihundert Eidechsen, schäbig und schön, werden sich dort auf einer riesigen Sonnenschale lieben und wunderbar vermehren, falls es Sonne überhaupt noch gibt.

Ludmila Vachtova

(Die Zitate sind einem Gespräch mit Olivia Etter wie auch ihren nur teils publizierten Notizen und Texten aus den Jahren 1972–86 entnommen)

Hörnerstiefel, 1986. Höhe 50 cm

Schneckenleiter, 1986. Verschiedene Materialien, 250 x 100 cm. Sammlung Amsler, Biberstein.
Vase, Schale, 1986, Verschiedene Materialien, Höhe 80 cm bzw. ⌀ 50 cm

Ohne Titel (Meersichel), 1987. Verschiedene Materialien, Höhe ca. 250 cm. Courtesy Galerie Rosenberg, Zürich

Ohne Titel (Eidechsenschale), 1987. Verschiedene Materialien, ⌀ 250 cm.
Ohne Titel (Vogelvase), 1987. Polyester, Gips, Eisen, ca. 145 x 40 cm. Courtesy Galerie Rosenberg, Zürich

Olivia Etter

geboren am 31. Oktober 1956 in Zürich
1972
Vorkurs, Kunstgewerbeschule Zürich
1973–1976
Lehre als Dekorateurin
1984
Atelier der Stadt Zürich in Genua; Eidgenössisches Stipendium; Kantonales Kunststipendium, Zürich
1985
Kiefer-Hablitzel-Stipendium; Kunststipendium der Stadt Zürich

lebt in Zürich

Einzelausstellungen

1982
St. Galerie, St. Gallen
1983
Galerie Filiale, Basel; Galerie Aqua Sana, Chur
1984
Galerie Brigitta Rosenberg, Zürich
1986
Galerie Brigitta Rosenberg, Zürich; Städtische Galerie zum Strauhof, Zürich (zusammen mit Christoph Herzog und Enrico Mattioli)

Gruppenausstellungen

1980
Saus und Braus, Städtische Galerie zum Strauhof, Zürich (Kat.)
1981
Bilder, Kunstmuseum Winterthur (Kat.); *Phoenix,* Alte Oper, Frankfurt
1982
Neue Skulptur, Galerie nächst St. Stephan, Wien
1983
Viele Köpfe unter einem Hut, Galerie Corinne Hummel, Basel
1984
Bewegungsräume, Galerie Grita Insam, Wien (Kat.)
1985
Trigon 85. Synonyme für Skulptur, Künstlerhaus Graz, Neue Galerie (Kat.); Binz 39, Zürich
1986
Attila Centro d'Arte Contemporanea/Spazioarte, Mendrisio/Ascona (Kat.); *Swiss Pralines,* Forum Stadtpark Graz (Kat.)

PETER FISCHLI

geboren 1952 in Zürich, lebt in Zürich

DAVID WEISS

geboren 1946 in Zürich, lebt in Zürich

Natürliche Grazie

DIE KUNST DER SANFTEN ABSTOSSUNG

Über das Gummihafte in den neuen Arbeiten von Peter Fischli und David Weiss

> Gummi ist in seiner natürlichen Form das vulkanisierte Harz des Gummibaums. Synthetischer Gummi ist ein Polymerisat, eine hochmolekulare organische Verbindung. Seine Schwärze erhält er durch die Beifügung von Russ.
>
> Mumyô und bonnô sind buddh. Bezeichnungen „für den leidvollen Verblendungszusammenhang des Daseins, wobei mumyô das Dunkel der mangelnden Erkenntnis meint und bonnô das Dunkel der Leidenschaft und des darin Verstricktseins"[1].

Wir kennen die stofflichen Entgrenzungen der Kunst der letzten 25 Jahre, insbesondere die Überschreitungen stofflicher Ekelschwellen, und sind längst nicht mehr so schnell schockiert. Weder bei Filz, Neon, Fett, Schokolade oder Mist wird heutzutage nicht mindestens *auch* an die Möglichkeit von Kunst gedacht, einmal abgesehen davon, ob man das gut oder schlecht findet und immer vorausgesetzt, man kümmert sich überhaupt um dieses Kunstproblem (was nicht selbstverständlich ist).

Aber Gummi? Gummi (im Falle dieser Plastiken synthetischer Kautschuk) ist ein altbekannter Stoff, und auch in der Kunst kommt er sicher hie und da vor, aber dass man daraus Plastiken macht, Abgüsse von Gegenständen, als wär's Bronze oder Wachs, das ist überraschenderweise wirklich neu. Der Ausdruck Gummiplastik schockiert nun aber nicht wirklich, nur eine seltsame Irritation taucht auf. Das Allgemeine (Plastik/Kunst) und das Besondere (Gummi) scheinen vorzüglich zusammenzupassen, sich sogar wie magisch anzuziehen und stossen sich doch voneinander ab. Die Irritation wirkt erheiternd, doch die Erheiterung gilt nicht so sehr der Absurdität, der Unmöglichkeit oder Falschheit der Verbindung als vielmehr der Verwirrung von Möglich/Unmöglich, diesem elastischen Hin und Her zwischen Richtig und Falsch. Ja, die Fischli/Weiss Strategien der richtig/falschen Materialgerechtheit, wie man sie aus der «Wurstserie» und aus der «Übersicht» kennt, wird in den Gummiplastiken in eine elastische Dimension überführt.

Denn der Gummiabguss einer ausgestopften Krähe ist keineswegs absurd, sondern immerhin noch schwarz, bleibt also in dieser Hinsicht der Unglücksrabe und vieles mehr, schlau, diebisch und fähig zu sprechen, ein Tier der nächtlichen Weisheit, Begleiter der Hexen, dessen Schrei wie ein rauher Urlaut ist...

Aber was ist er als Gummikrähe im Zusammenhang des Ensembles? «Vielleicht der Mann, das ist ja auch ein lockerer Vogel»[2], sagen Fischli/Weiss und deuten mit Männerfantasie weiter: «Der Mann pflegt sich ("Mann Intim"), steigt ins "Auto", reisst eine "Frau" auf, fährt mit ihr ins "Haus" und die "Vase" wäre

«Mann intim», 1987, 16 x 33 x 15 cm

dann so etwas wie die Erfüllung». *Eine* mögliche Geschichte, die aber nicht nur die Frage offenlässt, warum da unter anderem auch eine Wurzel ist, sondern vor allem, warum dies alles aus (schwarzem) Gummi sein muss. Die lakonische Bemerkung von David Weiss im Ohr, wenn man Kissen als Berge sehen könne, dann könne man auch Wurzeln aus Gummi machen, will ich mich deshalb im folgenden dem Stoff zuwenden, aus dem die Kunst hier ist.

Wenn wir an Gummi denken, so denken wir vielleicht zuerst an Autoreifen, Gartenschläuche, Dichtungsringe, Schuhsohlen oder ähnliche Dinge, die in gewisser Hinsicht von entscheidender Bedeutung sind und dennoch etwas Inferiores an sich haben. Es sind unselbständige Dinge, Gegenstände, die weniger für sich als für andere da sind, dienend als Zwischendinge zwischen den eigentlichen Dingen oder den Teilen grösserer Systeme, und zwar entsprechend ihren stofflichen Eigenschaften: dämpfend, federnd, dichtend oder schützend. Solche

Wurzel, 1987, 46,5 x 57 x 37 cm

Gummidinge stehen also in einer spezifischen Art von flexiblen zwischendinglichen Beziehungen, etwa zwischen Grundwasserreservoir, Wasserhahn und Rosenbeet, zwischen Deckel und Flasche oder Felge und Strasse. Es ist etwas in der Gestalt solcher Gummigegenstände, das nach dieser Beziehung verlangt, nach zwei Seiten hin gleichsam, denn, was in ihrer unselbständigen Gestalt zum Ausdruck kommt, ist ein *doppeltes* Verlangen, nicht nur ein einfaches, wie beim Deckel, der sich nach der Flasche, wie bei der Schraube, die sich nach der Mutter sehnt. Bezeichnenderweise ist es einfacher, die Gestalt eines Flaschendeckels zu erfassen, als diejenige des dazugehörigen Dichtungsringes. Oder wie beschreibt man die Gestalt eines Radiergummis, der im Neuzustand fast jede beliebige Form annehmen kann, dessen Wesen aber darin liegt, im Gebrauch an stofflicher Substanz zu verlieren und sich zur kaum mehr definierbaren Ungestalt zu entwickeln?

Vielleicht denken wir bei Gummi aber auch an ganz andere, scheinbar eigenständigere Dinge wie

Herz, 1987, 10 x 16 x 8,5 cm

Luftballons oder Gummiboote (und an andere Varianten dieser dünnen Gefässkörper, die mit Luft, Flüssigkeit und anderem gefüllt werden können). Aber auch dem Luftballon eignet, im Gegensatz etwa zu einer hölzernen Strumpfkugel, etwas Unselbständiges und zugleich Transitorisches, denn erst durch die in ihm komprimierte Luft kommt er zu seiner Gestalt und wird wie das Gummiboot als Gegenstand brauchbar. Nun liegt auch bei einer Pfanne wie bei einer Ming-Vase die Brauchbarkeit in der im Inneren enthaltenen Leere, und diese – nicht nur taoistische – Erkenntnis gilt für einen Luftballon wohl genauso, doch eben nur gerade im Zustand der Aufgeblasenheit. Entweicht das Pneuma, so verliert ein Luftballon in der Tat viel mehr als nur seine Luft; es ist die Seele, die ihm entweicht (oder der Geist?) und es ist bekannt, mit welch unfeinem leiblichen Ton diese Entseelung geschieht. Ist die Luft draussen, so steht uns kein leerer Raum mehr vor Augen, kein fest umrissenes Nichts, in dem die Brauchbarkeit des Gefässes gestalthaft sichtbar würde, denn diese steckt vielmehr dort, wo nun ein armseliges Etwas ist, in dem zur wahrhaften Formlosigkeit geschrumpften Stück Gummihaut, die nun allerdings *selbst* fast nichts mehr ist, ausser des vagen Versprechens, – oder

Auto, 1986/87, 20 x 59 x 23 cm

sollte man auch hier von einem Verlangen sprechen –, sich wieder (und immer wieder) ausdehnen zu können zu Grösse und Gestalt.

Im Umgang mit der Aufgeblasenheit, eingeschlossen all das Organische, Hautartige und Blasenhafte, zu dem Gummi fähig ist (im neuen Fischli/Weiss-Film «Der Lauf der Dinge» werden diese Fähigkeiten eindrücklich demonstriert), dort also, wo des Gummis wertvolle Eigenschaften zu einer höchsten Entfaltung kommen, intensiviert sich die Verwirrung unserer Gefühle gegenüber diesem Material ganz

Kerze, 1987, ⌀ 15,5 cm, Höhe 30 cm

beträchtlich. Es steigt die Bewunderung für seine elastisch-artistischen Höchstleistungen und die zähe Widerstandskraft, die ihm das Überleben sichern. Doch es steigt (ganz im Sinne der Fabel «Die Eiche und das Schilfrohr») zugleich die Verachtung für ein Überleben *dieser* Art, oder sogar der Hass auf den unverdienten Ewigkeitsanspruch des Gummis, der so verletzlich scheint wie die eigene Haut und dann aber doch sehr unverwüstlich bleibt. Und – anders als bei Hartplastik etwa – verbündet sich im Gummi die stoffliche «Unsterblichkeit» mit der Aura ewiger, «jugendlicher» Elastizität und Unzerbrechlichkeit.

Es steigt die Verachtung für das Niedere und Unedle, ja das Charakterlose, das in des Gummis schier unerschöpflicher Nachgiebigkeit, in seiner extremen, fast amöbenhaften Flexibilität und Anpassungsfähigkeit zu erkennen glaubt. Die Ambivalenz der Gefühlsbesetzungen kulminiert in der Empfindung, einen Stoff vor sich zu haben, der dem eigenen Fleisch seltsam verwandt und dann doch wieder fremd scheint, einen Stoff, dessen attraktiver «Wärme» und samtener Weichheit etwas ebenso sanft wie kategorisch *Abstossendes* innewohnt.

Dies hat nun aber den Charakter einer objektiven Erkenntnis, denn Gummi ist immer und grundsätzlich von abstossender Sanftheit, im psychologischen wie im physikalischen Sinne; und die Art des Abstossendseins variiert sozusagen mit dem Härtegrad des Materials. Am einen Ende steht da der leise Ekel vor einem Gummihandschuh und seiner hautweichen und doch wasserabstossenden Verletzlichkeit, dann folgen ein paar psychologisch recht positiv besetzte Gegenstände, mit deren Kraft der Abstossung radiert oder gespielt werden kann, und am anderen Ende dann eben das düstere Reich schwarzen Hartgummis, – genau aus diesem Material sind die Plastiken von Fischli/Weiss –, wo kein Ekel mehr ist, dafür aber ein dunkles Unbehagen gegenüber der Massierung von Sanftheit *und* Elastizität. Aus mattschwarzem Hartgummi ist alles, was schwere Schläge und Stösse dämpft, auch Gummiknüppel oder -geschosse. Das Unbehagen gilt «jener Weichheit, mit der man jemanden totschlagen kann», wie Bice Curiger kürzlich leichthin bemerkte. Natürlich kann man auch jemanden mit einem Briefbeschwerer aus Messing erschlagen, aber das geht weniger gedämpft vor sich, entschiedener irgendwie. Mit seiner abstossenden Sanftheit dämpft Gummi nicht nur zwischendingliche sondern auch zwischenmenschliche Beziehungen: Wenn er weich ist, schafft er Kontakte ohne Berührung; Schläge mit härterem Gummi machen nur bewusstlos, ohne ganz zu töten. Und wenn sie doch töten, verletzen sie vielleicht kaum. Der Gummi seinerseits ist davon noch weniger betroffen, – das Wort sei hier erlaubt –, selbst beim Pneuschlitzen, sicher einem der tiefgründigsten Vandalismen des zwanzigsten Jahrhunderts, «stirbt» zwar der Pneu, doch die «Wunde» im Reifen schliesst sich sofort wieder und ist kaum zu finden. Gummi schluckt sozusagen alles, was sehr laut, hart, scharf oder aggressiv ist, lässt es einen Moment in seine Gestalt eindringen und stösst es (sich) dann wieder ab, wobei natürlich trotz Elastizität ein Energieverlust entsteht, aber nur ein ganz kleiner, eben eine Dämpfung.

Es ist ein – kleiner – Verlust von Unmittelbarkeit, ja von Klarheit über die Wirklichkeit der Welt, nicht mehr, aber auch nicht weniger; was da geschieht, lässt sich am treffendsten mit einem Begriff aus der medialen Kommunikation erfassen: Moderation. So wie ein TV-Moderator Knautschzonen der Verständigung bereitstellen muss, ohne dass man das zu sehr bemerkt, so moderiert Gummi die

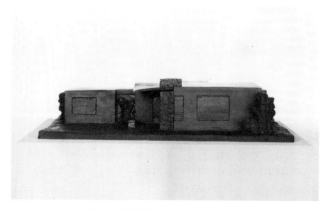

Haus, 1986/87, 11,5 x 72 x 51 cm

Napf, 1987, ⌀ 25 cm

Dialoge des Unmittelbaren, schafft Erträglichkeit und Mittelmass, wo das wirklich Reale unerträglich oder masslos wäre. In den Beziehungen zwischen Menschen und denen zwischen Menschen und Dingen (eingeschlossen alle Wunschdinge) moderiert Gummi auch die Wahrheit (oder ihr Gegenteil) auf ein erträgliches Mass. Er macht sie etwas flexibler, verzeiht kleine Fehler. Er fälscht nicht, aber er rundet, gerade so, dass schliesslich nicht nur der Mangel an Wahrheit (oder ihrem Gegenteil) erträglich wird, sondern auch das, was von ihr noch übriggeblieben ist. Eigentlich spreche ich hier längst nicht mehr von Gummi an sich, sondern von den Gummiplastiken von Fischli und Weiss im besonderen. Es geht hier um eine (teilweise allegorische) Beschreibung eines Stofflichen, die nur möglich ist, weil dieses Stoffliche hier in einer Variation von Gegenständen Gestalt angenommen hat, die ihm auf sehr intensive Weise gerecht werden. Bei dieser Kunstarbeit geht es nicht einfach um Plastiken aus Gummi (for a change), sondern um wahre dingliche Entsprechungen dessen, was als Gummihaftes beschrieben wurde. Oder umgekehrt: Vielleicht ist dieses Ensemble von Plastiken ein Versuch zur Gestaltwerdung des Grossen Gummihaften, zur Vergegenständlichung von Gummi, begriffen als eine stoffliche Allegorie alles

Vase, 1986/87, ⌀ 21 cm, Höhe 37 cm

Mittleren, so auch etwa des kaum fassbaren «mittleren Geschmacks» – das den sich unaufhörlich ausdehnenden Raum des Grossen Alltäglichen füllt und erfüllt.

Betrachten wir das gleichermassen zum Vergleich *und* in die Verwirrung zwingende Spiel mit natürlichen und massstäblichen Grössenverhältnissen, aus dem heraus sich die Wahrnehmung einer moderaten, mittleren Grösse entwickelt, die in ihrer ganzen «natürlichen» Richtigkeit etwa Unstimmiges zurücklässt. Betrachten wir die «Moderne Wohnsiedlung», wo die Türen nicht knallen dürfen und der Lärm der nahen Autostrasse abgehalten werden muss, vor allem nachts, wie hier. Im «Haus», diesem schon seit zwanzig Jahren «modernen» Bungalow, ist es nicht viel anders, ausser dass es weniger, aber besser isolierte Türen hat. Da stehen vielleicht auch das Original der «Vase» und der «Hundenapf» (in der

Siedlung, 1987, ca. 50 x 65 cm

«Modernen Siedlung» waren Hunde vielleicht noch verboten); allerdings stehen sie nicht so nahe beieinander wie hier in der Kunst: Es ist bemerkenswert, wie feinsinnig hier die Gegenstände von Fischli/Weiss zum Vergleich gezwungen werden. «Hundenapf» und «Vase» erscheinen hier als Gefässe gleicher als in der Wirklichkeit. Sie *passen* zueinander. Eines unterscheidet sie jedoch, wenn sie aus Gummi sind: Ein Hundenapf aus Gummi ist in *jeder* Hinsicht perfekt (ausser dass man seinem Hund vielleicht eine fröhlichere Farbe wünschte). Auch der «Vase» mangelt es im Vergleich zum Original an fast nichts – ausser eben an Zerbrechlichkeit, und dieser «Mangel» macht das schöne Gefäss derart praktisch, dass einem leicht unbehaglich wird. Diese «Vase» aus mattschwarzem Gummi ist unheimlich praktisch – auch auf der höheren Ebene der (Männer-)Fantasie. Da verkörpert sie sogar so etwas wie ein *praktisches Ideal:* Sie verheisst die Erfüllung jener Sehnsucht nach irgendetwas Weiblich-Schönem, als einer Sache, mit der sich risikolos umgehen, ja, um sich werfen lässt. Gummi macht aus der «Vase» nicht nur eine gestalt-, sondern eine fleischgewordene

Wunscherfüllung, sanfter, robuster und nachgiebiger als ihr Original aus sprödem Porzellan. Vergleichbares geschieht bei der anmutigen Frauenfigur, beim Übergang von Bronze zu Gummi.

Frau, 1986/87, 43 x 21 x 20 cm

Doch das Fleisch ist dunkel und der Glanz ist matt; dieser Gummi ist schwer und zäh, von undurchdringlicher Dichte. Der Marokkanische «Hocker», den Fischli/Weiss deshalb so schätzen, weil «es schön ist, wie er fast perfekt im Gleichgewicht steht zwischen Marokko und Möbel Pfister, fast ein Equilibre», erzählt mit seiner prallen, gummigen Massivität vom Charakter *und* der Bedeutungsschwere solch moderierter Konfrontationen zwischen Heimat und Fremde.

Die weiche Schwärze dieser neuen Fischli/Weiss-Dinge weist darauf hin, dass ein Dämpfen von Unmittelbarkeit auch eine Verschiebung ins Dumpfe ist oder eine Zunahme an unbewältigtem Dunkel. Gummi verdichtet das Geheimnis um die Dinge und um die Wünsche und Sehnsüchte, mit denen wir sie besetzen. Das Geheimnis wird elastisch und widerstandsfähig; auch der Hocker ist ein Hocker in der *Nacht,* ruhend, in satter Zufriedenheit, zum Platzen mit zäher Finsternis gefüllt.

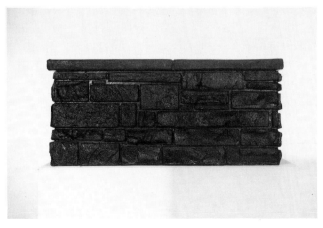

Mauer, 1987, 40 x 91 x 31 cm

Finster ist es auch dort, wo die «Kanalisationsarbeiter» ihre Schläuche (aus Gummi) hinunterlassen; zähflüssig, unedel und alle betreffend ist, was sie heraufholen, und zu Unrecht verachtet ihr Geschäft. Auf intime Weise nehmen sie an der Natur und der Kultur des Menschen teil, sind zutiefst an ein kollektives System angeschlossen, so wie alle modernen Wohnsiedlungen und Bungalows. «Die Kanalisation ist sicher eines der schönsten kollektiven Bauwerke überhaupt, neben Eisen- und Autobahn», sagt David Weiss, «und ist erst noch unter dem Boden», fügt Peter Fischli hinzu. Die Kanalisation ist ein tiefliegendes System, in dem ein hoher Grad an Ordnung (und Übersicht?) möglich wird, weil sich hier unten alles Individuelle und fein Unterschiedene in einen einzigen kollektiven Stoff verwandelt hat. Die Plastik der «Kanalisationsarbeiter» ist eine Allegorie der künstlerischen Arbeit selbst, eine Allegorie der Systemsucher Fischli und Weiss, vergleichbar der «Werkstatt des Alchemisten» in *Plötzlich diese Übersicht* (wo noch alles aus Lehm war) oder dem «Bergwerk» aus der Reihe der Polyurethanskulpturen, nun allerdings stärker aus der Mitte des gewöhnlichen Lebens gegriffen. «Es ist nicht mehr eine so hohe Aufgabe, weniger

Kanalreiniger, 1987, ca. 25 x 40 cm

märchenhaft», meint Fischli. Das alchemistische Prinzip ist allerdings nicht ganz verschwunden. Die Kanalisationsarbeiter machen zwar nicht gerade Schwefel, Salz und Quecksilber zu Gold, aber sie versuchen immerhin mit der kollektiven Scheisse ihr Geld zu verdienen. Was sie ans Licht holen, ist ein Stoff der Erkenntnis, ein Stoff der Reinheit, pure Melancholie wenn man so will. Mehr denn je gilt diese Fischli/Weiss-Allegorie einer Arbeit, die ohne sehr viel Sinn für Humor nur schwer zu bewältigen wäre.

Patrick Frey

Anmerkungen:
[1] Peter Pörtner in: *Japan und einige Aspekte des Nichts,* Konkursbuch 16/17, Tübingen 1987.
[2] Alle Zitate aus einem Gespräch mit den Künstlern, Juli 1987.

Krähe, 1986/87. Gummi, 27 x 41 x 14 cm

Marokkanisches Sitzkissen, 1986/87. Gummi, ⌀ 56 cm, Höhe 28 cm

Peter Fischli

geboren am 8. Juni 1952 in Zürich
1975/76
Accademia di Belle Arti, Urbino
1976/77
Accademia di Belle Arti, Bologna
1978
Gruppenausstellung in der Accademia di Bologna
1979
Beginn der Gemeinschaftsarbeit mit David Weiss

lebt in Zürich

David Weiss

geboren am 21. Juni 1946 in Zürich
1963/64
Vorkurs, Kunstgewerbeschule Zürich
1964/65
Kunstgewerbeschule Basel, Bildhauerklasse
Arbeit als Bildhauer bei Alfred Gruber (Basel) und Jaqueline Stieger (England)
1970
Sketches, Bern, Edition Toni Gerber (mit Urs Lüthi, Text: J.-Chr. Ammann)
1974
Drei Geschichten, Zürich, Edition Stähli
1975
Up and Down Town, Zürich: Edition Stähli; *The Desert is Across the Street* (mit Urs Lüthi und Elke Kilga), Galerie Stähli, Zürich/de Appel, Amsterdam
1976
Einzelausstellung Galerie Stähli, Zürich
1979
Einzelausstellungen in der Galerie Gugu Ernesto, Köln und in der Galerie t' Venster, Rotterdam
Beginn der Gemeinschaftsarbeit mit Peter Fischli

lebt in Zürich

Einzelausstellungen Fischli/Weiss

1981
Plötzlich diese Übersicht, Galerie Stähli, Zürich
1983
Fieber, Galerie Monika Sprüth, Köln
1985
Stiller Nachmittag, Galerie Monika Sprüth, Köln; *Peter Fischli/ David Weiss,* Kunsthalle Basel/Groninger Museum (Kat.)
1987
Le Case d'Arte, Mailand

Gruppenausstellungen mit Arbeiten von Fischli/Weiss

1980
Saus und Braus, Städtische Galerie zum Strauhof, Zürich (Kat.)
1981
30 Künstler aus der Schweiz, Innsbruck/Wien/Frankfurt/Zug (Kat.)
1982
Neue Skulptur, Galerie nächst St. Stephan, Wien
1983
aktuell 83, Lenbachhaus München (Kat.)
1984
Zwischen Plastik und Malerei, Kunstverein Hannover/Haus am Waldsee, Berlin; *An International Survey of Recent Painting and Sculpture,* Museum of Modern Art, New York (Kat.)
1985
Cross-Currents in Swiss Art, Serpentine Gallery, London (Kat.)
1986
Auf dem Rücken des Tigers, Shedhalle, Rote Fabrik, Zürich (Kat.); *Swiss Pralines,* Forum Stadtpark Graz (Kat.)
1987
Skulptur Projekte in Münster 1987 (Kat.); *documenta 8,* Kassel (Kat.); *Offenes Ende – Junge Schweizer Kunst,* Nürnberg/Erlangen 1987 (Kat.)

Filmographie

1981
Der geringste Widerstand
1983
Der rechte Weg
1987
Der Lauf der Dinge

Eigene Publikationen

Ordnung und Reinlichkeit, Zürich: Eigenverlag, 1981
Plötzlich diese Übersicht, Zürich: Edition Stähli, 1982
Stiller Nachmittag, Basel: Kunsthalle, 1985

Bibliographie

JACQUELINE BURCKHARDT, *Peter Fischli/David Weiss,* in: Noema Art Magazine 4, Nr. 12–13/1987, S. 80–81.
BICE CURIGER, *Peter Fischli und David Weiss,* in: Das Kunstwerk 39, 4–5, September 1986, S. 58–59.
PATRICK FREY, *Plötzlich diese Übersicht. Anmerkungen zur gleichnamigen Arbeit der beiden Schweizer Künstler Peter Fischli und David Weiss,* in: Kunstforum International, Nr. 60, April 1983, S. 122–131.
PATRICK FREY, *Ein ruheloses Universum. Zu den gemeinsamen Arbeiten von Peter Fischli und David Weiss,* Basel: Kunsthalle, 1985.
PATRICK FREY, *Das gelingende Scheitern,* in: Katalog *documenta 8,* 1987.

MARCUS GEIGER

geboren 1957 in Muri/AG, lebt in Wien

„STUMME ALLEGORIE"

Die Arbeiten von Marcus Geiger folgen den Prämissen der Abgrenzung, die sich in einem Stil oder im Formalen fixieren lässt. Was ihn noch interessiert, ist die Wirkungslosigkeit der Malerei. In der Heterogenität ihrer Verwandlungsformen zwischen reizbarer Expression und geometrischer Zurückhaltung sublimiert er den Rest von Wahrhaftigkeit, die den Worten entwischt, so wie der Sinn der mystischen Erfahrung ins Sprachlose entgleitet.

Auf der Suche nach dem Extrakt des Sichtbaren schlägt die Kunst auf die Seite des Todes an. In diesem Sinne sind die Werke des Schweizer Künstlers aus Wien Mimesis an die Versteinerung der Kunstformen zur Abstraktion des Negativen. Das auffallend grosse Zwillings-Gemälde, die zu einem zerlegbaren Bild zusammengesetzten Farbtafeln und ein mit roter Farbe «post-aktionistisch» verarbeitetes Kubus-Objekt an der Wand treten in einen Raum der Simultaneität als Erscheinungsmuster eines Nominalismus, der keine Übermittlung des «disegno interno» nach aussen erlaubt.

Die Arbeiten suchen den Kontakt zum Umraum und finden ihn durch die dekorative Ausdehnung der Farbflächen in den zwei nebeneinander hängenden violetten «Bildteppichen», im Zusammenspiel der «zufällig» ausgewählten Farbtafeln oder im Zusammenschrumpfen der Dialektik von Form und Inhalt zu einer verdinglichten Banalität; z.B. der industriell normierten und durch die Farbe verfremdeten Milch-Packung.

Das Auge des Betrachters übt sich in der Sichtbarmachung der überlieferten Form- und Farbeindrücke und findet ihre Vergegenwärtigung nicht im Felde des Bildraumes, sondern im Asyl der Zeitlosigkeit oder Nicht-Zeit. Der violette Wolken-Ozean der übergrossen Gemälde zeigt zwar an seiner glatten Oberfläche auch einige nocturnehafte Wirkungen in anderen diffusen Farben, die als Träger einer Zeitraum-Illusion fungieren könnten, verweigert aber zugleich ihre Entfaltung, indem sie in die Fläche zurückgedrängt werden. Wer hier Halt in einem Fluchtpunkt oder in der Perspektive sucht, findet ihre Klischees eher ausserhalb der eigentlichen Gemälde, in den bescheidenen «Randzonen»; in der magnetischen Anziehungskraft des kleinen Objektes oder im linearen Kraftfeld der Farbtafeln, also in den gegenwärtigen Überbleibseln der jeweiligen Malerei-Einbildung. Die Kunstwerke repräsentieren durch ihre Raumdisposition so etwas wie einen architektonischen Ort der Kunst, der an den Epilog des Wiener Aktionismus in der Art eines Hermann Nitsch', den er vor kurzem in Wien inszenierte, denken lässt. Im Unterschied jedoch zum Mysterien-Theater dieses Propheten findet bei Geiger keine überirdische Erweiterung der kontemplativen Möglichkeiten statt. Die Abstraktion verweigert zur Zeit die Heilung. Würde sie unversehens zur Realität? Sie wird nur unterschwellig auf kulturelle Archetypen angepeilt, die ausserhalb der Imagination nicht nachvollziehbar sind wie z.B. die barocke Himmelsphäre («Bildteppiche») oder die lineare Klarheit eines Rokokodekors (Farbtafeln).

Durch das Arrangement rhetorischer Vesatzstücke der Kunst, Architektur und des Theaters simuliert Geiger an verschiedenen Ausstellungsorten (Atelier, Galerie) einen Raum der Kunst, der durch ihre narzisstische Selbstbezogenheit zum autonomen Schauplatz ihrer selbst wird. Die Kunst hat keinen Orientierungsort gegenüber der Welt, und wegen ihrer Bezuglosigkeit nimmt der Künstler in der Einsamkeit Zuflucht, weil sie keine Zeit kennt. Er mag ein Melancholiker sein mit dem Hang zum puristischen Denken.

Indem Marcus Geiger die Kunst als «Konvention und Ausdruck» hervorbringt, nähert er sie den Gebärden einer Allegorie, die Inhalt, Form und Bedeutung fragmentarisiert und nach dem Muster semantischer Schemata rational zusammenfügt. Gerade in dieser äusseren Verfügbarkeit der Kunst wird dem Betrachter der Ansporn zur Selbstbestimmung herausfordernd offengelegt: im Angesicht der schrillen Stummheit der Kunst unternimmt er den Versuch, eigenes Wort aus sich herauszuholen.

Goschka Gawlik

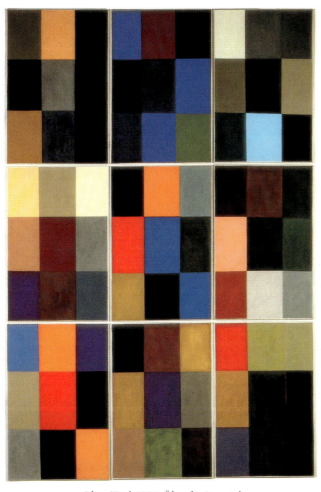

Ohne Titel, 1987. Öl auf Leinwand,
9 Teile, 183 x 123 cm. Galerie Peter Pakesch, Wien

Ohne Titel, 1987. Öl auf Leinwand, 2 Teile, 290 x 1380 cm. Galerie Peter Pakesch, Wien

Marcus Geiger

geboren am 8. August 1957 in Muri/AG
1979
Übersiedlung nach Wien, Studium an der Akademie der bildenden Künste, Wien

lebt in Wien

Einzelausstellungen

1987
Galerie Peter Pakesch, Wien (Kat.); Shedhalle, Rote Fabrik, Zürich

Gruppenausstellungen

1985
Galerie ORBIS PARVUS, Wien
1986
Galerie Peter Pakesch, Wien; Gemeindegalerie Emmen/LU

Bibliographie

Kunstforum International, Nr. 89, 1987 *(Insel Austria)*, S. 241.

ALEXANDER HAHN

geboren 1954 in Rapperswil, lebt in New York

ELEKTRONISCHE TRAUMSEQUENZEN

Der Videokünstler Alexander Hahn ist von der Malerei zu den elektronischen Medien gekommen. Bereits in der Kunstgewerbeschule begann er mit einem einfachen Portapack mit Video zu experimentieren. An dem neuen Medium reizte ihn vor allem, dass er damit etwas machen konnte, was im gemalten Bild nicht möglich war, nämlich Räumliches und Zeitliches darzustellen. Er machte damals zum Beispiel fiktive Flugaufnahmen, indem er eine Kamera über einen Linolboden zog, der plötzlich wie eine Berglandschaft aussah. Aus dem zweidimensionalen Muster war etwas Dreidimensionales entstanden.[1] 1981/82 erhielt er ein Atelier im Whitney Museum in New York, wodurch er Zugang zu der Video-Ausrüstung dieser Institution erlangte.

Die in dieser Zeit entstandenen Bänder beschreiben mit einfachen, aber phantasievoll verfremdeten Mitteln Situationen, die wie «Science-fiction» anmuten, die aber bald schon einmal gesellschaftliche Realität werden könnten. *State of Being* von 1982[2] beispielsweise berichtet von einem fiktiven Psychopharmakum «Sanidin», das entgegen den erfolgversprechenden Werbeslogans wie «Measurable peace of mind» bei den Testpersonen nach Jahren unerwartete Nebenwirkungen hervorruft, die zur Folge haben, dass diese Menschen ihre sozialen Bindungen fallen lassen und in Gewalttätigkeiten ausbrechen («Lemmingsyndrom»)[3].

In einem anderen Tape von 1982, *The outer plant* (Die Aussenstation)[2], schildert er in einer Zukunftsvision, wie ein multinationaler Elektronikkonzern eine Raumfabrik in den Weltraum schiesst, die der Herstellung eines halbbiologischen Computers dienen soll, welcher Maschinenintelligenz mit biologischer Intelligenz vereinigt. Dem Astronauten an Bord wird nach einer Weile erklärt, dass er aus «technischen» Gründen nicht wieder zurückgeholt werden kann und er das Überlebensprogramm betätigen soll. Dieses würde ihn – als die biologische Komponente – in einen kybernetischen Organismus umwandeln. Eine Zeitlang widersetzt sich der Astronaut den Anweisungen und beschäftigt sich mit absurden Handlungen, wie Löcher in ein Telefonbuch bohren

Aus: *The outer plant*, 1982

und mit Tinte füllen, muss aber schliesslich aufgeben.

Alexander Hahn arbeitet in diesen Tapes nicht nur mit eigenen Aufnahmen, sondern auch mit «Fremdmaterial»; zum Beispiel entnahm er erzählerische Elemente alten Super-8-Filmen oder TV-Produktionen. Anderes Fremdmaterial, das er in Fragmenten einsetzt und mit eigenen Aufnahmen zusammenmontiert, handelt von Kriegen, Katastrophen, Unfällen oder einstürzenden Hochhäusern. Mit der Verdichtung der Bilder gelingt es dem Künstler, eine bedrängende Atmosphäre voll düsterer Vorahnung zu erzeugen.

Eine wichtige Rolle spielen dabei Räumlichkeiten und Dachlandschaften. Vor allem haben es ihm die Dächer von New York angetan, wo er seit sechs Jahren lebt: «Wenn Du auf einem Dach bist, geht der Charakter von New York verloren. Du hast keinen Verkehr. Du hast eine surreale Landschaft, die die Stadt übersteigt. Du hast Sachen, die aussehen wie de Chirico, solche Bögen, die auf dem Dach überhaupt keinen Sinn haben.»[4] Eine solche Dächerlandschaft bildet denn auch den Schauplatz für das Band *Secret Sanctions* von 1986. Bevölkert werden die labyrinthischen Räume von Männern und Frauen in silbrigen Anzügen, die sich nach undurchschaubaren Gesetzen bewegen, endlos Treppen auf- und absteigen, plötzlich vor etwas flüchten, verfolgt werden. Unheilvolles liegt in der Luft; es bleibt aber immer unklar, was eigentlich passiert. Die kafkaeske Szenerie, die rätselhaften Vorgänge, «vage Erinnerungen an einen Mord» (A. H.), all dies erzeugt eine unwirkliche Stimmung wie in einem Traum. Tatsächlich weist Alexander Hahn immer darauf hin, dass er in seinen Bändern eigene Träume verarbeitet – Tag- und Nachtträume – und dass sich die Sprache des elektronischen Mediums besonders gut dazu eignet, die Mechanismen des Traumes in Bilder umzusetzen. Gewisse elektronische Mittel entsprechen erstaunlich genau der den Träumen eigenen «Logik», wie fliessende Übergänge von einem Raum in einen anderen oder von einer Zeit in eine andere, elektronische «Collagen»[5], das Durchsichtigmachen von Hintergründen und ihr Austauschen durch neue Bilder, wie es beispielsweise mit den Alpen geschieht, die plötzlich wie ein surrealistisches Bild hinter der New Yorker Dachlandschaft auftauchen. Am Ende des Bandes stehen die Akteure auf dem Dach und schauen zum Horizont. «Gradually the mournful gloom over this inner world of dream gravitates towards the outer world of reality, a sinister portant of a global cataclysm», schreibt der Künstler dazu. Über dem Horizont steigt Rauch in der Ferne auf: «The wind blew it that way from America.»

Auch in dem neuesten Band, *Viewers of Optics*, von 1987 herrscht eine unheilschwangere Atmosphäre. Die Kamera fährt über zerfallene Häuser, abgestorbene Bäume, schmutzige Steinböden, Kanäle voller Abwässer. Es sind teils wirkliche Land-

Aus: *Secret Sanctions,* 1986

schaften, teils virtuelle Räume. Das Ganze ist in ein diffuses Licht getaucht und mit fast verloschenen Farben aufgenommen. Noch mehr als in den anderen Bändern setzt Alexander Hahn die Farbe als Ausdrucksträger ein. Auch hier sind die Menschen, die allerdings in dieser verlassenen Landschaft nicht mehr sichtbar werden, «stumme Zeugen eines vergessenen Verbrechens, welches sie zutiefst in ihrem Unterbewusstsein unterdrückt hatten».[6] Die apokalyptische Stimmung des Bandes verstärkt sich durch den dazu gesprochenen poetischen Text des Künstlers: «Die Landschaft entlaubte sich, die Blätter lösten sich auf wie grüne Gespenster, verzehrt von einem unsichtbaren Feuer.»[6] Diese Worte und ihre Visualisierung im Bild lösen beim Betrachter unwillkürlich Assoziationen an eigene Erfahrungen, zum Beispiel mit der unsichtbaren, zerstörerischen Wolke von Tschernobyl, aus. Nach und nach wird die in rosagrün-graue Töne getauchte Landschaft immer durchsichtiger – wie geläutert nach dem Mord im Fluss – und wandelt sich zuletzt in ein intensives weiss-blaues Strahlen des Himmels, der an die Transparenz von Caspar David Friedrich-Bildern und an chinesische Tuschmalerei erinnert: «Die Landschaft hatte sich verändert. Der Himmel war gefärbt mit dem elektronischen Blau des frühen Morgens...» Eine neue Hoffnung scheint sich anzukündigen. Das Bild eines Mannes mit Opernglas, das zu Beginn des Bandes gezeigt worden war – übrigens ein Motiv, das Alexander Hahn wiederholt in seinen Tapes verwendet –, taucht zum Abschluss in verwandelter Form auf: eine steinerne Figur auf einem Kriegerdenkmal schaut mit dem Glas in die Ferne, ein «Seher»...

In diesen letzten beiden Bändern hat der Künstler eine ganz neue Bildsprache gefunden. Durch den Zugang zu modernen Produktionsstudios hatte er die Möglichkeit, vermehrt an die neuen Technologien heranzukommen und die digitale Bild-Manipulation für seine künstlerischen Ziele einzusetzen. Seine elektronischen Traumsequenzen, die nicht mehr logisch-rationalistischen Strukturen folgen, brechen mit unseren Wahrnehmungsgewohnheiten und vermitteln dadurch dem Betrachter neue Formen der Erkenntnis.

Ursula Perucchi

Anmerkungen
1   Das berichtete er in der Talkshow *Digitalk* mit Bob Fischer und Patrick Frey im Radio LORA am 6. November 1986
2   Eine spätere, gekürzte Fassung stammt von 1984
3   Die meisten der verwendeten Texte hat Alexander Hahn dem Kleingedruckten in Anzeigen von Pharmazeutikfirmen entnommen
4   *Digitalk* vom 6. November 1986
5   Bereits bei den Kubisten und Surrealisten war die Collage ein Mittel zur Darstellung von Simultaneität, damals noch in der Fläche
6   Siehe den Abdruck des vollständigen Textes von Alexander Hahn zu diesem Band

Viewers of Optics

Unten, sehr weit unten sah er den Fluss und das Netz der Kanäle, welches sich durch den toten Wald zog. Die laublosen Bäume formten eine bizarre Kapillarzone zwischen der Erde und dem Himmel, welche sich gegen den Horizont hin ausfächerte. Irgendwo in dieser verzerrten Welt von Stille, dem blossen Auge verborgen, wie die Pauszeichnung einer zerbrechlichen Geometrie, lagen die Ruinen der Siedlung.

Gedämpfte Stimmen sickerten in sein Ohr. Jemand reichte ihm ein Paar Operngläser.

Wilde Hunde irrten durch die verlassenen Gebäude und zerfallenden Anlagen. Die bruchstückhaften Mauern waren wattiert mit farblosen Matten ausgetrockneten Unkrauts, matte Schranken in einem Geröllfeld unergründlicher Erinnerungen.

Die Kanäle, welche sich von der Siedlung her ausbreiteten, waren gefüllt mit verkrusteter Gülle, das Haus selbst verharscht mit Schichten von Dreck. Die Menschen, die sich versammelt hatten, um seine Ankunft vom Himmel zu beobachten, waren ebenso bedeckt mit Dreck, als wollten sie sich tarnen und vereinen mit dieser seltsam schönen Zone kristalliner Exkremente, Eiter und Erbrochenem, stumme Zeugen eines vergessenen Verbrechens, welches sie zutiefst in ihrem Unterbewussten unterdrückt hatten.

Es war eine Reise durch eine Kette von Alpträumen, welche sich ihnen mit impotenter Verzweiflung entgegenbäumte. Die späteren Untersuchungen ergaben, dass der Tod der Frau zufällig gewesen sei, Folge eines Krampfes oder Bewusstseinsverlusts, nach einem Schlag von einem Stein, vielleicht.

Die Plattform wich unter ihm zurück, er gewann schnell an Höhe, er flog, glitt über die nackten Bäume der Siedlung zu.

Ein abstossender, doch süsser Geruch kam von den Ruinen her. Die Landschaft entlaubte sich, die Blätter lösten sich auf wie grüne Gespenster, verzehrt von einem unsichtbaren Feuer.

Er drehte sich nach links, einer verschwommenen Ansicht zu und blendete ihre Stimmen aus.

Jemand zündete ein Flugtier an. Das brennende Wesen flog weg, streifte eine Gruppe tropischer Bäume in der Siedlungsmitte. Sie gingen sofort in Flammen auf. Als das Feuer endlich wegstarb, scharten sich Hunderte von Vögeln auf den verkohlten Ästen, vom Feuer unversehrt.

Er holte sie ein, wie sie nichts ahnend in den schnellen Wassern des Flusses stromabwärts trieb, er fasste sie, zusammen tauchten sie unter, kämpften, sanken entlang den Fundamenten der Siedlung auf den Grund. Sie wollte nicht sterben. Er ergriff einen spitzen Stein und schoss ihn in ihren offenen, nach Atem schnappenden Mund. Ein Blutstrom spritzte aus ihrem linken Ohr, Blut, das den Fluss rot färbte. Sie brach zusammen. Er liess den erschlaffenden Körper los und schwamm zum Ufer. Er beobachtete, wie sie auftauchte und dem Flussdelta zutrieb.

Die Landschaft hatte sich verändert. Der Himmel war gefärbt mit dem elektronischen Blau des frühen Morgens über dem Fluss. Rechts, entrückt und verlassen, hätte er Fragmente der Siedlung durch den Staub gesehen.

Umschrift des amerikanischen Originaltextes zum Videoband *Viewers of Optics* von Alexander Hahn.

Viewers of Optics, 1987, 3 Stills aus dem Video-Band. Kunsthaus Zürich, Videothek

Alexander Hahn

geboren am 9. Juni 1954 in Rapperswil
1980
Zeichenlehrerdiplom, Kunstgewerbeschule Zürich
1981/82
New York, Whitney Museum of American Art, Independent Study Program
1983
Stipendium der Fondation de la Vocation, Genf
1984
Stipendium Committee for Visual Arts, New York
1985
Stipendium Jubiläumsstiftung SBG, Zürich; Werkauftrag Internationales Video Festival, Locarno
1986
Experimental Television Center, Owego, NY; Produktionsbeitrag Swiss Center Foundation, New York
1987
Stipendium New York Foundation for the Arts, New York; Award Computer Graphics Video Culture International, Ontario; Eidgenössisches Stipendium

lebt in New York

Einzelausstellungen/Performances

1980
Apropos, Luzern; Galerie Toni Gerber, Bern
1981
Apropos, Luzern
1982
626 Broadway, New York
1984
White Columns, New York
1985
Internationales Video Festival, Locarno
1986
Kunsthaus Zürich; Kunstmuseum Bern

Gruppenausstellungen/Videoart-Veranstaltungen

1982, 1983
Internationales Video Festival, Locarno
1983
Szene Schweiz, Kunstverein Köln (Kat.)
1984
The Artist as Film Maker, Franklin Furnace, New York; *Video 84,* Montreal
1985
Alles und noch viel mehr, Kunstmuseum und Kunsthalle Bern; *Fri. Art,* New York (Kat.)
1986
Videowochen im Wenkenpark, Basel; *Höhenluft,* Kunstverein Köln
1987
Solothurner Filmtage; World Wide Video Festival, Den Haag; *Video im Museum,* Museum für Gegenwartskunst, Basel; *Offenes Ende – Junge Schweizer Kunst,* Nürnberg/Erlangen (Kat.)

Videographie

1981/82
Real World Tape (7 min)
1982
Getting Nowhere (8 min)
1984
State of Being (10 min); *The Outer Plant* (10 min)
1985
Dream of Zanzibar (18 min)
1986
Urban Memories (Endlosband); *Aviation Memories* (7 min); *Secret Sanctions* (10,5 min)
1987
Viewers of Optics (10 min)

BARBARA HEE

geboren 1957 in St. Gallen, lebt in Zürich

GEBÄRDENSPRACHE DER ZEICHEN

Die in unserer Ausstellung gezeigte Werkgruppe von Barbara Heé umfasst grossformatige Zeichnungen unter dem Titel *Tätowierung* aus der Serie *Gesänge an den toten Tiger* von 1983, einen Block von kleinen Zeichnungen von 1984–1987, die sie als *Musiknoten* bezeichnet, sowie die neuen Betonskulpturen von 1987. Diese Auswahl ermöglicht einen konzentrierten Einblick in das Werk dieser jungen Künstlerin und macht deutlich, dass die in diesem Jahr für viele überraschend aufgetauchten Skulpturen sich ganz natürlich aus den vorangegangenen Arbeiten entwickeln. Bereits die Zeichnungen von 1983 lassen eine starke plastische Präsenz spürbar werden. Die kompakten tiefschwarzen Ellipsen und Dreiecksflächen strahlen mit ihren unscharf gehaltenen Rändern in die weisse Fläche aus. Auch die Linien der offenen Formen kommunizieren durch ihre Ausfaserungen mit dem Umraum. Mit klaren, einfachen Gebilden thematisiert Barbara Heé Balanceakte zwischen gegensätzlichen Kräften wie Leichtigkeit und Schwere, Stützen und Lasten, Statik und Bewegung, wobei das hergestellte Gleichgewicht meist sehr labil bleibt. In der Zeichnung des Kunsthauses zum Beispiel (S. 84) wird die viereckige, offene Form von dem schwarzen Dreieck auf der Grundlinie gestützt, so dass sie genügend Halt hat, um die horizontale Ellipse zu tragen. Diese liegt sehr leicht auf, beginnt sich zu lösen, wird aber von der oben hereinragenden Schwärze zurückgedrängt und eingezwängt.

Obwohl die Formen in der Regel auf Dreieck, Viereck und Ellipse reduziert sind, haben sie keine Beziehung zur geometrisch-konstruktiven Kunst, sondern verweisen viel eher auf eine Gebärdensprache, wie man sie im modernen Ausdruckstanz findet. Die Linien sind Träger einer Bewegung, die vom Körper ausgeht. Barbara Heé zeichnet auf dem Boden, wodurch sie sich ganz in den Schwung der Linie hineinlegen kann. Übrigens zeichnet sie mit der linken Hand, um einer zu glatten Perfektion, die sie mit der geschulten rechten Hand erzielen würde, zu entgehen. Meistens arbeitet sie dabei auch mit geschlossenen Augen und projiziert das in ihrer Vorstellung entstehende Bild fast traumwandlerisch nach aussen.

Ohne Titel, 1983. Öl auf Papier, 75 x 112 cm

Der Titel *Tätowierung* weist nach den Worten von Barbara Heé auf die inneren Tätowierungen hin, mit denen jeder gezeichnet ist, auf die inneren Spuren, die das Leben in uns hinterlässt, «unsere Kratzer, unsere Wunden». Die ersten Zeichnungen der Serie beginnen – wie immer, wenn sie eine neue Arbeit anfängt – mit sehr komplizierten, fast noch figurativen Elementen, die sie nach und nach zu abstrakten Konstellationen von grosser Einfachheit und Klarheit reduziert. Die Formen gewinnen dadurch eine von innen vibrierende Spannkraft und Ausstrahlung. Auf den Titel *Gesänge an den toten Tiger* angesprochen, erzählt Barbara Heé,[1] dass sie als 18- oder 19-jährige in Paris Zeichnungen von Antonin Artaud gesehen habe, die sie so erschüttert hätten, dass die Begegnung für sie zu einem Schlüsselerlebnis geworden sei. Gleichzeitig sei sie auch auf Lautréamonts «Chants de Maldoror» gestossen, und obwohl sie das Werk nicht gelesen habe, um das Geheimnis nicht zu lüften, sei Lautréamont für sie wie eine Initiationsfigur gewesen, und deshalb habe sie ihm diese Zeichnungsserie gewidmet. In den Porträts und vor allem in den Selbstporträts von Artaud zeugen die von Schrunden, Kratzern und Narben gezeichneten Gesichter von den Verwundungen und den durchlebten Leiden der Dargestellten. Er habe versucht, «das Gesicht, das zu mir sprach, das Geheimnis einer alten menschlichen Geschichte preisgeben zu lassen», schrieb Artaud 1947 im Katalog zu der Ausstellung seiner Zeichnungen in der Galerie Pierre. Ähnliches geschieht in den *Tätowierungen* von Barbara Heé, nur dass sie eine andere Sprache verwendet, eine Sprache, die auf Zeichen basiert.

Ihre Zeichen sind Ausdrucksträger für Seelenzustände, für Schmerzprozesse. Die meist unten und oben spitz zulaufende Ellipse, die Spannungen, Belastungen und Zusammenstössen ausgesetzt wird, ist für sie eine Identifikationsfigur, die sie in vielen Bildtiteln «Odaliske» nennt, womit man früher weisse, türkische Haremssklavinnen bezeichnete. «Bei mir sind es Formeln für Lebensgeschichten, für Sachen, die einem passieren, die allen Menschen passieren.» Oft wird die «Odaliske» von einem Winkel «eingeklemmt» (Abb.) oder sie steht zwischen zwei Polen, wird von zwei Mächten hin- und hergerissen. «Das kann man einsetzen als Tod und Leben, wir stehen einfach zwischen diesen beiden Polen.» In den Zeichnungen von 1984[2] beginnt die «Odaliske», die in den Bildern von 1982 als Einzelform herausgehoben und isoliert ist und wie erstarrt wirkt, zu vibrieren. Ihre kompakte Silhouette löst sich in Schraffuren auf und erscheint wie ein Kreisel, der durch seine schnellen Drehungen nur undeutlich in seinen Konturen zu erkennen ist. Die Odaliske «tanzt», wie Barbara Heé es formuliert. Damit ist ein zentrales Thema in ihrem Werk angesprochen. Ihr geht es um das Aufbrechen von Erstarrungen; sie möchte verfestigte Formen wieder in Bewegung bringen, lebendig machen. Wie in dem grossen Bild *Schwitzkörper* von 1985[3], in

Ohne Titel, 1984. Öl auf Papier, 29,8 x 42,5 cm

dem die dunkle verfestigte Gestalt von innen her zu glühen beginnt, soll das Erstarrte durch Flüssigwerden umgewandelt werden zu einer neuen Kraft. Auch der Tod ist für Barbara Heé «nur ein kleiner Umwandlungsprozess». Er hat nichts Schreckliches für sie. Wichtig ist es, «eine innere Entwicklung im wirklichen Sinn zu machen».

Aus den Zeichnungen, in denen häufig eine plastische Situation vorgebildet ist – sie versteht ihre Zeichen auch als «Körper» –, entwickelt Barbara Heé seit neuestem Skulpturen. Nach Plastilinmodellen in Beton gegossen, erhalten sie ihr Leben erst durch das Einreiben mit Wachs und Fett. Die unspektakuläre Oberfläche des Betons bekommt dadurch eine Patina wie alte, von Händen oft berührte Steinmauern, und die Skulptur entfaltet ihre Kraft und Ausstrahlung wie von innen her. Der Beton wird «wie innerlich erhitzt. Wenn man ihn behitzt, wird er zu Stein». Ähnlich wie die Zeichnungen lassen die Skulpturen Erinnerungen an etwas wachwerden, das man zu kennen meint, obwohl es keine Formen von etwas Existierendem sind.

Ursula Perucchi

Anmerkungen

1 Gespräch der Autorin mit Barbara Heé im Mai 1987, dem auch die folgenden Zitate entnommen sind.

2 Barbara Heé, *Zeichnungen 1984,* Edition Susanna Kulli/Peter Paul Hag, St. Gallen 1984

3 Es befindet sich als Dauerleihgabe der Vereinigung Zürcher Kunstfreunde im Kunsthaus Zürich

Ohne Titel, 1983. Öl auf Papier, 75 x 112 cm. Kunsthaus Zürich

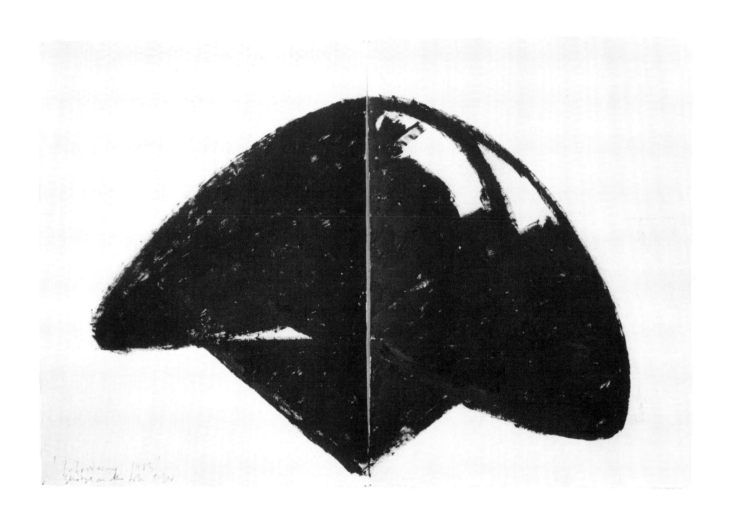

Ohne Titel, 1983. Öl auf Papier, 75 x 112 cm

Man muss in den leeren Raum so weit bis die Bilder auf die Welt kommen

Wir überhüpfen den Graben des Bekannten täglich spüren die Wunde des Verlassens schnittweise

Ein Rückwärtszählen bis zum Tag der ersten Empfindung

Was wird man letztlich finden sich im Besten im Schlechtesten seine Zerrbilder und Fratzen aus tieferen Zeiten

Schalentiere sind wir hart und unbeweglich wir kreisen um die feine Öffnung unseres einmal gebauten Reiches nichts können wir hinter uns lassen wir beissen uns in die immerbekannten Ringe noch tiefer ein

Kreisgott Spitzgott fehlt nicht Erdschlucht lache Kreismond brich auf Schlammberg fliess aus

Es ist ein Schwarz der Pfeil der ins rote Oval meiner Seele sticht Wölfe reissen meine Haut sich über und sprechen in verstellter Sprache Liebesworte ins blaue Feld der Nacht

Barbara Heé: Aus den Einsatznotizen

Ohr, 1983–87. Zementguss, mit Wachs und Fett behandelt, 50 x 16 x 27 cm

Barbara Heé

geboren am 22. März 1957 in St. Gallen
1974–1976
Kurse für textile Gestaltung, St. Gallen
1976–1980
Kunstgewerbeschule Zürich
1985
Stipendium der Stadt Zürich; Eidgenössisches Stipendium
1985/86
Stipendium des Kantons Zürich

lebt in Zürich

Einzelausstellungen

1983
Galerie am Zweiacker, Zürich; Galerie Nicole Gonet, Lausanne
1984
Galerie Susanna Kulli, St. Gallen (Edition: *Zeichnungen 1984*)
1985
Galerie Esther Hufschmid, Zürich; Galerie Nicole Gonet, Lausanne
1987
Galerie für Druckgrafik, Zürich

Gruppenausstellungen

1984
Kunstgrenze Kreuzlingen (Kat.)
1985
5. Biennale der Schweizer Kunst, Olten (Kat.); *3. Internationale Triennale der Zeichnung,* Nürnberg (Kat.); *Künstler aus Zürich,* Shedhalle, Rote Fabrik, Zürich (Kat.); *Jeunes Zurichois,* Musée cantonal des Beaux-Arts, Lausanne (Kat.)
1986
Spectrum Zurich, Toronto (Kat.)
1987
Ascan Crone, Hamburg (zusammen mit Pier Geering, Andreas Dobler und Samy B. Gantner, Kat.)

RUT HIMMELSBACH

geboren 1950 in Zug, lebt in Basel

VON DEN „ZEHNTAUSEND DINGEN" ZUM „REICH DER MITTE"

«Kalkül»: Das Aufflackern eines eingefangenen Lichtes neben einer monochromen Dunkelheit, dann ein schwimmendes Grün, ein umbiegend geformtes, mobiles Holzbrett und ein tiefblaues Kissen aus Samt treten sich als selbständige Präsenzen gegenüber.

Was die Arbeiten von Rut Himmelsbach zum Leben bringt, sind Beziehungen. Fotografien, gemalte Bildtafeln und Objekte stehen zueinander in formaler Abgeschlossenheit und bilden zusammen labile Gleichgewichte («Begegnungen» hiess 1986 eine ihrer Ausstellungen). Von den einzelnen Elementen geht eine kostbare Reinheit aus. Sie scheinen zu atmen, und es liesse sich zwischen ihnen beinahe ein leises Tönen wahrnehmen.

Rut Himmelsbach trat anfangs der achtziger Jahre als eine mit Fotografien arbeitende Künstlerin in Erscheinung. Die Werke jener Zeit sind Assoziationsfelder von mehreren und seriell aneinandergefügten Fotobildern, die eine Welt im Fluss und in der Schwebe festhalten. Ausschnitthaftes, Fragmentarisches, potentiell sich Verschiebendes aus dem Alltag und dem privaten Bereich wird zusammen zu einer philosophischen Grösse: ein liegengebliebener Turnschuh, in dem noch die Socken stecken – die Küchenecke, wo eine Lederjacke hängt und Reissverschlüsse klaffen – die Erdkugel als schlaffer, aufblasbarer Ballon (1981). Die Kamera streift Medienbilder, die Tagesschau am Fernsehschirm und die eigenen Werkzeuge, Fotoapparaturen.

Eine mikrokosmische Sicht zwischen die Gegenstände, die kleinen Gesten und Ereignisse. Doch hinter der Poetik vielleicht auch ein Sehen, das bewusst auf die Fotografie als Medium reflektiert? Es fällt auf, wieviele Sinnzusammenhänge zwischen dem bildnerischen Denken von Rut Himmelsbach und fototechnischen Begriffen bestehen. Wörter wie Optik, Filter, Auflösung, Fixierung, Entwicklung, Unschärfe, Salz, Blitz, Korn, Belichtung, Gelatine, Schlämmung, Latenz – könnten zur Umschreibung ihrer Arbeit beitragen.

Der Dualismus zwischen dem Festhalten von Bildern und der Flüchtigkeit des Augenblicks (als ein der Fotografie immanenter Widerspruch) wird durch Rut Himmelsbach neu gesetzt. Indem sie verschiedene eingefangene Momente miteinander lose verknüpft, schafft sie zwischen ihnen offene Spannungsfelder. In diesen «Räumen» zwischen tausend Dingen kann das Lebendige wieder entstehen.

Seit 1984 verschiebt sich in ihren Werken die Ikonografie allmählich. Symbole schwingen in der assoziativen Poesie mit. Die Direktheit des Augenblicklichen weicht der inneren Konzentration, eine Beruhigung tritt ein. Gleichzeitig mit der thematischen Reduktion geht eine Erweiterung der bildnerischen Mittel einher – gemalte Bilder und dreidimensionale Objekte nehmen jetzt mit den fotografischen Elementen das Gespräch auf. Damit treten Rut Himmelsbachs Arbeiten in den Raum.

Die dingliche Präsenz, die Zahl und die Dimension, das Material werden bedeutend, das Atmen deutlicher. Die Partikel kreisen um eine potentielle Mitte und sind selbst zentrierter geworden, indem sie ihr Gleichgewicht virtuell in sich tragen.

Der Mikrokosmos liegt bereits im Einzelnen. Das magisch in ein Quadrat gefasste Licht von «Kalkül» birgt das Grosse im Kleinen; das Ergebnis ist durch eine kleine Geste entstanden – sie soll hier nicht verraten werden. Das runde Kissen besitzt vierundsechzig Falten – das Geheimnis um die zehntausend Dinge und um das Reich der Mitte bleibt gewahrt.

Patricia Nussbaum
Ein Annäherungsversuch, 7.8.87

Kalkül, 1986. Fotografie auf Leinwand, Acryl auf Leinwand, Fahrzeug, Samtkissen (Zafu), ca. 260 cm

Aikido, 1984. Fotografie auf Leinwand und Acryl auf Leinwand, ca. 235 x 240 x 32 cm. D. + C. Mueller-Roth, Stuttgart

Ich denke ein Bild malend und bilde eines,
das ausgesprochen die Malerei verschweigt.
Es ist ein Ton.

Alex Silber

Ohne Titel, 1985. Fotografie auf Leinwand und Acryl auf Leinwand, Aluminium, ca. 230 x 240 cm

Rut Himmelsbach

geboren am 28. September 1950 in Zug
1971
Kunstgewerbeschule Zürich, Fotoklasse
1971/72
London, College of Printing, Special Course in Creative and Practical Photography
1975
Stipendium der Stiftung *His,* Basel
1979
Stipendium des Kantons Zug
1981
Stipendium des Kantons Zug; Stipendium des Kantons Basel
1982
Werkbeitrag des Kantons Zug
1984
Cité Internationale des Arts, Paris
1985
Stipendium des Kantons Basel
1985/86
Istituto Svizzero, Rom
1987
Eidgenössisches Stipendium

lebt in Basel

Einzelausstellungen

1979, 1982
Raum für aktuelle Schweizer Kunst, Luzern
1981
Filiale, Basel; St. Galerie, St. Gallen
1983
Galerie Hybrydy, Warschau
1984
Galerie Fina Bitterlin, Florenz; Galerie Lydia Megert, Bern
1985
Galerie Stampa, Basel
1986
Galerie D+C Mueller-Roth, Stuttgart

Gruppenausstellungen

1981
Künstler aus Basel, Kunsthalle Basel (Kat.); *Aspekte der Jungen Schweizer Kunst,* Regensburg (Kat.)
1982
Zwitserse Avant-Garde, Galerie Nouvelles Images, Den Haag (Kat.)
1984
Bewegungsräume, Galerie Grita Insam, Wien (Kat.); *Das subjektive Museum,* Basel (Kat.); *Disegni. Arte attuale svizzera,* Galerie Fina Bitterlin, Florenz (Kat.)
1985
Fri. Art, New York (mit Anna Winteler, Kat.); *neun,* Ausstellungsraum Kaserne Basel; *Filiale Basel zeigt,* Shedhalle, Rote Fabrik, Zürich (Kat.); *Zu sehen. Kunst aus Basel,* Künstlerwerkstätten Lothringerstrasse, München (Kat.)
1986
Istituto Svizzero, Rom
1987
Offenes Ende – Junge Schweizer Kunst, Nürnberg/Erlangen (Kat.)

Eigene Publikationen

Rut Himmelsbach. Einander folgende Winde. Aria Latte Verdura, Mai 1986, herausgegeben mit Unterstützung des Istituto Svizzero, Roma, Rom 1986 (Artisti dell'Istituto Svizzero di Roma, Collectanea 8)

Bibliographie

MARTIN HELLER, *Eine Art visuellen Schwankens, Arbeiten von Rut Himmelsbach,* in: Werk, Bauen+Wohnen, Nr. 4, April 1983, S.12–13.

ANDREAS HOFER

geboren 1956 in Trimbach/SO, lebt in Zürich

ZU ANDREAS HOFER

Bereits die letzte Ausstellung in der Galerie Brigitta Rosenberg (Zürich) zeigte, dass Andreas Hofer einen neuen, unerwarteten Weg eingeschlagen hat. Denn es fehlten fast gänzlich die grossformatigen, postmodernen Figurationen, die den Künstler bekannt gemacht haben, und die absurd-witzigen Objekte, die als «ver-rücktes» Bindeglied zwischen Raum und Bild standen.

Dagegen präsentieren sich die neuen Werke als eine karge, genau durchdachte Präzisionsarbeit. Im begrenzten Raum der Galerie ergab sich ein konvergierendes Spiel von dreidimensionalen Arbeiten, die als feingegliederte Vexierbilder von sensibler Harmonie erlebt werden konnten.

In dieser vorgezeigten Richtung geht der Künstler nun konsequent weiter. Andreas Hofer findet seine Materialien auf dem Sperrgut oder in Abbruchhäusern. In seinem Atelier «warten» Kisten, Truhen, Holzstangen, Holzscheiben, Spiegel, Teppich- und Linoleumreste darauf, vom Künstler beachtet zu werden. Neben diesen, von der Vernichtung geretteten Materialien, stösst man auf neue Printplatten, diverse elektrische Anschlüsse, verschiedene Stromkreiszeichen usw.

Hofer – fasziniert von den alltäglichen Materialien – verwendet diese nicht als «objets trouvés». Auch zielt er nicht auf effektvolle Überraschungsmomente. Die Objekte – von ihrer ursprünglichen Funktion befreit – werden mit sanften, kaum sichtbaren Eingriffen verändert: Ein achtkantiges Trommelgehäuse erhält auf jeder Wandseite eine quadratische Öffnung, die aber keinen Durchblick gewährt. Ein Holzbrett wird mit Linoleumbelag überzogen und die Kreuzstellen des aufgezeichneten Perserteppichmusters werden mit kleinen Buchsen für elektrische Anschlüsse versehen. In eine Holzschachtel mit Schiebedeckel ist ein Architekturmodell eingebaut, dessen Anordnung an einen Computer-Clip erinnert.

Mit diesen «chirurgischen Behandlungen» werden die formalen Strukturen der Objekte hinterfragt, der Materialcharakter verfremdet und die Verankerung in der Zeit relativiert. Ein starres, vorgegebenes System von logisch-rationalen, zeichenimmanenten Strukturen wird durchbrochen und irritiert. Dadurch entstehen neue Ordnungen/Nichtordnungen, andere Zusammenhänge, neue Betrachtungsmöglichkeiten.

Wie wichtig für Hofer diese behutsame «Sabotage am System» ist, manifestiert die Inszenierung der Objekte. So stellt er zum Beispiel das grosse Schweizerkreuz (mit fragmentarischem Beleuchtungssystem) zu einem Holzwagen (mit eingebauter Printplatte) und lässt sie mit einem Senkblei korrespondieren, dessen Ende auf die durchbrochene Mitte der Zielscheibe zeigt.

Pragmatische Zeichen, differenzierte Formen, divergierende Funktionen finden in einer eigenartigen Korrespondenz zusammen, erhalten eine geheimnisvolle Energie und schaffen dadurch einen neuen Raum der Bezüge und Verbindungen. Die Installationen versuchen starre Gesetzesstrukturen zu durchbrechen, die neuentstandenen Systeme sind keine Fixationen, sie bleiben unstabil und unberechenbar.

Gleichzeitig beschäftigt sich Andreas Hofer mit Musik. Auf 24 Tonbandspuren werden rhythmische Collagen aus Instrumentalsound, verzerrten Stimmen und Alltagsgeräuschen zusammengemixt. Verschiedenartige Raumklänge «treffen» sich im homogenen Zusammenspiel, steigern sich gegenseitig und fallen wieder auseinander. Neue Räumlichkeiten, neue Einheiten werden – wie in seiner Objektkunst – erfahrbar.

Jürg Frei

Ohne Titel, 1986. Objekt, verschiedene Materialien, 32 x 37 x 12 cm. Sammlung Bosshard, Rapperswil

Ohne Titel, 1985. Objekt, verschiedene Materialien, ⌀ 106 cm

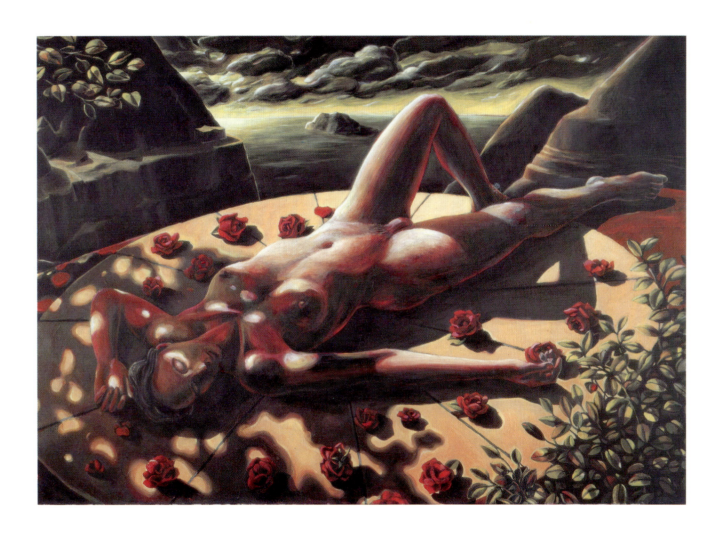

Ohne Titel, 1985. Acryl auf Baumwolle, 160 x 229 cm. Sammlung Stiftung Kunst Heute, Bern

Ohne Titel, 1986. Objekte, verschiedene Materialien, 61 x 51 bzw. 110 x 60 x 36 cm

Installation. Alle Objekte *Ohne Titel*, 1987, verschiedene Materialien.
H.l.: 153 x 155 cm. Eric Franck, Genève. H.r.: ⌀ 60 cm. Urs Albrecht, Basel. Vorne: 92 x 36 x 41 cm

Andreas Hofer

geboren am 7. September 1956 in Trimbach/SO
1961–1977
wohnhaft in Rapperswil
1977
Primarlehrerdiplom
1977–1981
Kunstgewerbeschule, Zürich (Vorkurs und Zeichenlehrerklasse)
1979–1982
Konzerte und Aufnahme von zwei Schallplatten mit der Gruppe *Bellevue*
1982
Zeichenlehrerdiplom
1983/1984
Stipendium der Stadt Zürich; Kiefer-Hablitzel-Stipendium
1986/1987
Werkbeitrag des Aargauischen Kuratoriums zur Förderung des kulturellen Lebens

lebt in Zürich

Einzelausstellungen

1983
Kurzzeitgalerie, Zürich
1984
Galerie Brigitta Rosenberg, Zürich (mit Musikperformance)
1985
Galerie Toni Gerber
1986
Andreas Hofer, Werke aus den Jahren 1982–1985, Kunstmuseum Olten (Kat.)
1987
Andreas Hofer. Objekte, Galerie Brigitta Rosenberg, Zürich (Kat.)

Gruppenausstellungen

1983
Musiker als Maler, Rote Fabrik, Zürich; Galerie Arte Viva, Basel
1985
5. Biennale der Schweizer Kunst, Olten (Kat.); *Künstler aus Zürich,* Shedhalle, Rote Fabrik, Zürich (Kat.); Galerie Anton Meier, Genf
1986
Swiss Pralines, Forum Stadtpark Graz (Kat.); *Auf dem Rücken des Tigers,* Shedhalle, Rote Fabrik, Zürich (Kat.)
1987
Offenes Ende – Junge Schweizer Kunst, Nürnberg/Erlangen (Kat.)

Bibliographie

PETER KILLER, *Die Kohärenz des Inkohärenten. Zu den Werken von Andreas Hofer aus den Jahren 1982–1985,* in: Kat. Olten 1986, S. 53–56.
BERNHARD BÜRGI, (Ohne Titel), in: Kat. Olten 1986, S. 59. (JÖRG HUBER), *Beobachter-Kunstblatt,* in: Der schweizerische Beobachter 1/1986, S. 44–45
PETER KILLER, *Andreas Hofer,* in: Das Kunstwerk 39, 4–5, September 1986, S. 74–75

FELIX STEPHAN HUBER

geboren 1957 in Zürich, lebt in Berlin

Modell (Ausschnitt), 1986/87

AUGUST 1986–MÄRZ 1987

Übersicht beruhigt. Der Blick kreist über einen räumlichen Organismus, der sich im Fluss der Zeit treiben zu lassen scheint. Die schweifende Seheinstellung schärft, nähert sich: labyrinthische Wucherungen plastischer Strukturen und fotografischer Collagen. Bewegungen folgen sich stakkatoartig, schachteln sich ineinander zu Schluchten und skylineartigen Höhen, Blöcken, Ecken, Mauern, Rampen und Wegen. Die Augen heften sich an die Fersen des Chaos, sausen massstablos durch absurd werdende Urbanitäten und Zusammenhänge: Keine Stadt für Blinde. Innehalten und der Lust oder dem Willen nachgeben, zu flanieren:

«Bunker auf dem Humboldthügel in Berlin. Panorama von einer ehemaligen Geschützstellung über der Stadt (Süden–Westen–Nord). Links steht Hannes auf der Mauer – Wolfgang, Ueli und David in der Oranienbar, Berlin – Bunker auf dem Humboldthügel. Unterhalb der Plattform – Ausschnitt aus Foto 21 – Ulla und ich in Düsseldorf – Bei Ulla zuhause in Berlin – Ich, von Ulla aufgenommen, Berlin – Selbstporträt, Düsseldorf –»

Ein behutsamer Rhythmus klärt den durch den Wahrnehmungssog betörten Kopf, lässt identifizierbare Strassenzüge, Lokalitäten erkennen und in private Szenerien eindringen.

«TOPOLOGIE DER ERINNERUNG» lautet eine Überschrift zu Felix Stephan Hubers «MODELL», zwischen August 1986 und März 1987 in Berlin aus Fotos und Pappe gebaut. Tagebuchartige Schnappschüsse von umittelbaren Alltäglichkeiten – Streifzüge und Ausflüge, Treffpunkte und Geselligkeiten, Selbstbespiegelungen, topographische Bezugnahmen, Grossstadtöde – fügen sich als materialisierte Bezugs- und Erinnerungsmomente nach und nach zu einer Art Arche Noah der eigenen Vorstellungswelt. Durchforschte Aussenräume beleuchten Innenräume, und der hektisch-komplexe Bildbau steigert sich expressiv zu einem Sehbereich und Befindlichkeitsfeld existentiellen Zuschnittes. Das persönliche Protokollieren und Speichern optischer Fragmente und Sequenzen wird zum Spiegel einer unfassbar mächtigen Metropolis, deren stimulierenden wie zerstörerischen Kräften der Einzelne schicksalshaft ausgeliefert scheint. «DIE STRUKTUR IST AUS PAPPE.»

Der Mikrokosmos des Modells ist Kulisse wie fragiles Monument, aber ebenso Spielfeld und keimzellenartiger Ausgangsort weiterer Arbeitsgänge: «Die Ablagerungen spielen Fussball im Datenspeicher. Der Spielverlauf ist zufällig, das Feld abgesteckt. Den Ball muss man sich dabei denken. Alle Sekunden wird der Spielstand gelöscht.»

Einzelne Modellsegmente können aus dem konstruktiven Zusammenhang gelöst und, vergrössert, zu «FOTOPROJEKTIONEN» montiert werden. Beruhigende Übersicht? Der Vielschichtigkeit der Modellstruktur antworten die medialen Möglichkeiten der Fotografie, die den erneuten Bildprozess mit einem geradezu gestisch werdenden Duktus weiterführen, sich malerischen Wirkungen annähern und die mechanisch hergestellte Illusion einer naturgetreuen Dokumentation verblassen lassen. Die Reproduktion der Erinnerung wird zum erfindungsreich-eigenwilligen Experimentieren mit den chemischen Vorgängen des Entwickelns und Fixierens, mit Überblendungen und Doppelbelichtungen. Die Dunkelkammer wird zur Alchemistenküche, in der auf höchst subtile wie auch auf explosive Weise hantiert wird. Arbeitsspuren wie Spritzer und Risse werden nicht getilgt, sind wie der offene Gesamtumriss Ausdruck des dynamischen Gestaltprozesses zwischen Chaos und Ordnung, Konstruktion und Psychogramm, Pathos und Reflexion. Die Tatsächlichkeit der Ereignisse und Schauplätze, deren formale und inhaltliche Substanz sich im Grossformat entfaltet, wird zum nächtlichen Schatten, der sich unfassbar in den flutenden Strom der Imagination webt. Das Ablagern und Umsetzen abbildhafter Konnotationen weitet und verdichtet sich zu innerweltlichen Inszenierungen, zu Panoramen von traumatischer bis visionärer Präsenz. Das wiederholt aufscheinende Selbstporträt ist weniger Zeichen eines schöpferischen Dominators als eines schöpferischen Suchers, der sich ohne Stillstand bis in die Randzonen der Selbsterfahrung bewegt und klarmacht, dass das Ich als fest verankertes Zentrum nicht existent ist. Beim Abstecken seines Gesichtsfeldes setzt er sich der Ungewissheit der stetigen Veränderung aus und tastet zugleich nach eigener Form und Wahrhaftigkeit.

Auch im Gerüst des kulturellen Überbaues lassen sich hin und wieder «BLUMEN» und «KOMETEN» sehen; durch Lichtkontakte verblassen die unfixierten Schwarzweissfotos, verfärben sich zuerst zartrosa und hellbau und stabilisieren sich in Silbergrau. Dieses flüchtige Schauspiel des Aufblühens zu farbiger Schönheit lässt sich nicht festhalten, klingt im silbrigen Schimmern der Grauwerte nach, dem der schäbige Zauber von Wohntapeten gegenübersteht (siehe Werkbuch «Biefer/Zgraggen, Brunner, Huber», Shedhalle Zürich 1987). Ein Palmenstrand oder eine Alpweide laden ein zu beruhigender Übersicht, man muss sie nur im Kaufhauskatalog auswählen und bestellen. Ihre künstliche Unmittelbarkeit endet ohne Ausblick in der sentimentalen Nische, weckt eher die Sehnsucht nach der wahren Weite eines Horizontes, als dass sie sie stillen könnte.

Da kündet die domestizierte Üppigkeit des «TROPENHAUSES» eher vom unberührten Paradies, das aus dem ruinösen Dickickt der Städte spriesst, es überwuchert und neu zu begehende Räume erschliesst, deren kosmische Dimension silbergraue Spritzer anzeigen könnten, die wie Sternenglimmer über die kolossale Szenerie rieseln.

Bernhard Bürgi

Modell (1986/87) und *Tropenhaus* (1987), Ausstellung Shedhalle Zürich 1987

Revolutionswächter (Selbstporträt in drei Bildern, II.), 1985. Fotoprojektion, 230 x 230 cm

Tanklaster, 1987. Fotoprojektion, 300 x 420 cm

David brachte Blumen, I., 1986. Fotoprojektion, 130 x 130 cm. Kunstraum Kreuzlingen

Felix Stephan Huber

geboren am 20. September 1957 in Zürich
1982
Beginn der freien künstlerischen Tätigkeit
1985
Eidgenössisches Stipendium und Kiefer-Hablitzel-Stipendium
1985/1986
Stipendium des Kantons Zürich
1986/1987
Förderbeiträge des Aargauischen Kuratoriums zur Förderung des kulturellen Lebens

lebt in Berlin

Einzelausstellungen

1985
Galerie Lydia Megert, Bern
1986
Photographie: Felix Stephan Huber/Beat Streuli, Aargauer Kunsthaus, Aarau (Kat.)
1987
Felix Stephan Huber – «Erinnerung an ein Foto», Kunstraum Kreuzlingen (Kat.)

Gruppenausstellungen

1983
Städtische Galerie zum Strauhof, Zürich
1984
Filiale, Basel
1985
Kammgarn Schaffhausen; *Jeunes Zurichois,* Musée cantonal des Beaux-Arts, Lausanne (Kat.); Kellerausstellung *Konrad,* Magnusstrasse 5, Zürich
1986
Sammlung Huber-Brunner, Freie Zürcher Kunstszene, Züspa-Hallen, Zürich
1987
Rote Fabrik, Shedhalle, Zürich (zusammen mit Marcel Biefer/Beat Zgraggen und Hannes Brunner); *Offenes Ende – Junge Schweizer Kunst,* Nürnberg/Erlangen (Kat.)

Eigene Publikationen

Sammlung Huber-Brunner, hrsg. von HANNES BRUNNER und FELIX STEPHAN HUBER aus Anlass der Kunstszene-Ausstellung in der Züspa-Halle, Zürich 1986
Werkbuch, hrsg. aus Anlass der Ausstellung in der Shedhalle, Rote Fabrik, Zürich, gemeinsam mit HANNES BRUNNER, BEAT ZGRAGGEN und MARCEL BIEFER, Zürich 1986

Bibliographie

THOMAS ONKEN, *«Erinnerung an ein Foto». Zu den Fotoprojektionen von Felix Stephan Huber,* Faltblatt zur Ausstellung in Kreuzlingen 1987.
BEAT WISMER, *Konfrontation: Photographie (Felix Stephan Huber).* in: Kat. Aarau 1986.
ANGELA THOMAS JANKOWSKI, (Ohne Titel), in: Kat. Aarau 1986.

LEIKO IKEMURA

geboren 1951 in Tsu Mie, Japan, lebt in Köln

ZU LEIKO IKEMURA

> Vorausgesetzt, daß die Wahrheit ein Weib ist –, wie? ist der Verdacht nicht gegründet, daß alle Philosophen, sofern sie Dogmatiker waren, sich schlecht auf Weiber verstanden? dass der schauerliche Ernst, die linkische Zudringlichkeit, mit der sie bisher auf die Wahrheit zuzugehen pflegte, ungeschickte und unschickliche Mittel waren, um gerade ein Frauenzimmer für sich einzunehmen? Gewiß ist, daß sie sich nicht hat einnehmen lassen – und jede Art Dogmatik steht heute mit betrübter und mutloser Haltung da. *Wenn* sie überhaupt noch steht!
>
> *Friedrich Nietzsche*

Die Arbeiten der Künstlerin Leiko Ikemura führen in einen bildhaft-gedanklichen Wirbel, aus dem kein rationales Wissen mehr herausführt. Sie entfalten dabei die ausserordentliche Fähigkeit, das Bewusstsein der sich stets verändernden Erkenntnisgrenzen von immer neuen Seiten wachzurufen. So steht weniger die Entwicklung formaler Grundprobleme im Vordergrund als vielmehr die Aufdeckung der inneren Zerrissenheit, Disharmonie und der Fragwürdigkeit der Welt, in der die einzelne Existenz sich in unaufhellbare Situationen gestellt sieht, ohne in allgemeingültigen Erkenntnissen Ruhe zu finden: es gibt keine allseitige Verstehbarkeit der Welt, keine absolut gültige Aufgliederung des Seins, keine objektive Rangordnung der Werte. (Das Rationale ist nur ein System unter vielen.) Das, worauf es in den nachindustriellen Kulturen des Okzidents (in der Folge der Existenzphilosophie und des relativistischen Weltverständnisses) nun anzukommen den Anschein hat, ist der unvertretbare Einzelne in seiner individuellen Einmaligkeit, mit seiner unverzichtbaren spezifischen Perspektive; und dessen Kunst, ob Abbildung der «Natur» oder abstrakte Darstellung etwa einer Idee (darin immer auch Kommentar), wird für gewöhnlich unter demselben Vorurteil begriffen wie die Gewalt: man weiss ihr – insbesondere, wenn sie sich ungeschlacht oder scheinbar heftig gebärdet – nur schwerlich eine andere Funktion zuzuschreiben als die, etwas Fundamentales, Inneres, Wesentliches *auszudrücken,* dessen erste, wilde und unsystematische Sprache sie wäre.

In den Arbeiten von Leiko Ikemura begegnen sich Gedankengut, Gefühlswelt und Formensprache des Westens und des Ostens – obgleich nicht versöhnend, sondern in fruchtbarem Widerstreit. Die Gemälde und Zeichnungen sind gleichsam der Gefechtsraum dieser unterschiedlichen, teilweise völlig unvereinbaren Weltbilder: die Auflösung des anthropozentrischen Verhaltens ist naturgemässe Konsequenz dieses «anderen» Paradigmas; dem Relativitätsprinzip wird die sinnliche Wahrhaftigkeit der vitalen Kräfte entgegengesetzt; an Stelle des rationalistischen Denkens, das zu spontanem Einsatz unfähig ist, treten heftige irrationale Impulse als dynamische Ausbrüche zutage, die in dieser Übersteigerung wichtiges Sprungbrett des Geistes sind und die, von der Widersprüchlichkeit des Lebens hier und jetzt erfüllt, sich in dramatisch gegensätzlichen, einander widerstreitenden Formen äussern; der Aufsplitterung des menschlichen Geistes (einer Wert- und Wissenzersplitterung) und der Brüchigkeit der Subjektivität (dem Auseinanderklaffen von Subjekt und Denken) wird mit der Einfachheit, die immer auch Ganzheitlichkeit meint, und mit dem Wahren in jeder wirklichen Leidenschaft geantwortet; und schliesslich (aber nicht endlich) wird das Verständnis der Form *als Ausdruck* aufgehoben in der subtilen, aber alles durchdringenden Sinnentleerung.

Die Zeichnungen von Leiko Ikemura sind weder Erzählungen noch sind sie eigentlich Ausdruck (Expression) eines biografischen Ich. Ein paar Striche, ein Bild, ein Gefühl – ohne die lange rhetorische Arbeit, die ansonsten für die äusserste Intensität des Inhalts (etwa eines Gedankens, einer Vorstellung, einer Empfindung) in der Konzentration der Form bürgt, deren Knappheit Vollkommenheit und deren Schlichtheit Tiefe garantierte. Hier, bei diesen Zeichnungen, haben wir es mit einer Knappheit und einer Schlichtheit – auch einer Geschwindigkeit – zu tun, die nicht etwa Resultat sind der Reduktion und der Abstraktion von Eloquenz und opulenter Redundanz, sondern Folge der Beschränkung und Zügelung der Bild-Sprache, Folge also eines dem *Re*duzieren und *Ab*strahieren entgegengesetzten Verfahrens, nämlich des Verfahrens, die Sprache *anzuhalten*. Aber bei all dieser Klarheit wollen die Zeichnungen eigentlich nichts *sagen* – genausowenig die Gemälde, deren Komplexität der «Lektüre» verwehrt, blosses Entziffern einer Botschaft zu sein. Die Zeichnungen wie die Gemälde wollen etwas nicht eigentlich darstellen oder ausdrücken, sondern schlicht *existieren machen*. (Die Malerei wird hier nicht als Medium zur rhetorisch versierten Illustration von bereits Gewusstem und schon Erreichtem begriffen, der malerische Zugriff wird als erkenntnisgenerierendes Ereignis der Bilderzeugung praktiziert.)

Das Bild, die Sprache und in gleicher Weise die «Gegenstände» werden im Schwebezustand gehalten, und da scheint es, als ob die Dinge selbst von sich

Ohne Titel, 1986. Öl auf Leinwand, 100 x 79,5 cm

Ohne Titel, 1987. Kohle und Pastell auf Papier, 80 x 60 cm

sprechen würden, von sich als blosser Existenz, als beiläufiges Ereignis, ganz ohne für sich *Bedeutung* zu beanspruchen – ganz unter Verzicht auf Metaphern und Symbolismus. Und analog zur Äquivalenz in der organischen Bildkonstruktion, analog zur Gleichwertigkeit von Farbe, Linie, Fläche, Licht, Materie, «Figur» und «Umfeld» (auch sind viele Zeichnungen und einige Gemälde ohne Orientierung, d.h. sie kennen kein oben und unten), installiert sich ebensowenig eine Hierarchie zwischen Signifikat und Signifikant, ebensowenig eine Hierarchie selbst zwischen Erzähler und Referent dieser Bilder, ja da drängt sich kein Subjekt vor, welches mittels jener Konstruktion sich ein Monopol schaffen wollte (d.h. jene Konstruktion ist nicht Prädikat eines Subjekts namens «Künstler» als eines allmächtigen Schöpfers). Diesem Subjektentzug entspricht die Zerstreuung des Sinnes, die diese Bilder und Zeichnungen prägt. Nichts aber von Absurdität (dies wäre *auch* Sinn) und nicht nur Sinnverwirrung (im Paradox etwa), sondern wirkliche *Befreiung* vom Sinn – Verhinderung des Sinnes, der Telos und Kausalität umschliesst; Wahrheit aber ist nirgends als von Augenblick zu Augenblick. Und nur eine sinnlose Welt ist für den Menschen eine sinnvolle Welt (i.e. die Möglichkeit unbeschränkter Erkenntnisse). Erst wenn sie sinnlos und absichtslos ist, gelingt Erkenntnis, und erst wo kein Wollen mehr ist, wo das Subjekt unberücksichtigt bleibt, kann Einverständnis sich entfalten. Die existentielle Wahrheit beginnt dort, wo der Bildsinn *als* Erzählung undarstellbar wird und sich gleichsam in eines Kraters schwarzem Flammenwirbel verflüchtigt. Diesbezüglich liegt der pervertierende «Sinn» von Leiko Ikemuras Gemälden darin, der Erzählung *vom* Bildsinn, der ein Ganzes zu stiften und die Identität der den Bildern zugrundeliegenden Vernunft zu verbürgen vermag, als Illusion zu entlarven. Im übrigen ist diese Wahrheit nicht in Strukturen (der Struktur des Bildes, die immer Struktur der Sprache ist) zu erhaschen (daher die Zügelung der Sprache), sondern nur als harter Schlag in der jäh aufblitzenden Eruption der reinen Tat zu erfahren, und sie liegt mehr in der Paralogie des Gefühls denn in der Stringenz des Gedankens, sie ist Wille und Macht hinter den Dingen, und vor allem ist sie Intellekt *und* Physis, sie existiert nur als Paradox (wir sprachen vorhin vom Gefechtsraum): Leiko Ikemuras Bilder sind eine offene, in Schmerz zitternde Wunde und *deckungsgleich* Körper der Begierde, in ihrer Malerei ist die Gemeinheit der Machtausübung wie *gleichzeitig* auch das mühsame Ringen um Läuterung angelegt, sie ist anmassende Herrschergebärde *und* verzweifelter Aufschrei, ist schneidender Terror *und* wonnigste Zärtlichkeit. Es ist eine vielschichtige, dichte Malerei, aus welcher stets neue Bilder sich entwickeln lassen (jedoch keine überlagerten Sinnschichten), und die gerade ihrer Undurchdringlich-

Ohne Titel, 1987. Kohle und Pastell auf Papier, 60 x 80 cm

keit wegen einen faszinierenden Reichtum, eine bestrickende Beweglichkeit und Subtilität besitzt; eine Malerei, die sich dialektisch zwischen Farbfeldmalerei und einer zeichnerischen Malerei aufbaut, ohne aber in sich die Spannung zwischen stiller Versenkung und gefasster «Raserei» (um nicht von «Expression» und «Gewalt» mit ihren Konnotationen aus der europäischen und amerikanischen Kunst- und Kulturgeschichte sprechen zu müssen) aufzulösen. Diese malerische Strategie verhindert, dass die Bilder eindeutig zu erfassen sind, und rückt sie solchermassen in einen merkwürdigen sprachbefreiten Zustand. Und obwohl sie eine stark sinnliche Präsenz haben, eignet ihnen doch eine seltsame Gegenwartslosigkeit, da ihr Erlebnisinhalt – ähnlich den Haikus – sich in starkem Masse auf sprachfreie, physische Erinnerungen beruft und darin zugleich nie gesehene, erst zu erahnende Bilder erzeugt. Es ist paradoxerweise genau diese Gegenwartslosigkeit, welche die *materiale* Gegenwart dieser Bilder als ein stetes Erfordernis verlangt.

Christoph Schenker

Baum, 1986. Öl auf Leinwand, 170 x 110 cm

Ohne Titel, 1987. Kohle, Pastell auf Papier, 80 x 60 cm. Courtesy Galerie Karsten Greve, Köln

Ohne Titel, 1987. Kohle und Pastell auf Papier, 80 x 60 cm. Privatsammlung

Leiko Ikemura

geboren am 22. August 1951 in Tsu Mie, Japan
1970–1972
Studium an der Universität Osaka
1972
Reise nach Spanien; erste Zeichnungen beim Bildhauer Lopez Burgos in Granada
1973–1978
Escuela Superior de Bellas Artes de Santa Isabel de Hungaria, Sevilla; Zeichenlehrerdiplom
1979
Niederlassung in Zürich, Kunstgewerbeschule
1981
Stipendium der Stadt Zürich; Kiefer-Hablitzel-Stipendium
1982
Kaiserswerther Kunstpreis, Düsseldorf; 2. Preis der *2. Internationalen Jugendtriennale der Zeichnung,* Nürnberg; Preis der Stiftung für graphische Kunst in der Schweiz, ETH Zürich
1983
Stadtzeichnerin von Nürnberg

lebt in Köln

Einzelausstellungen

1980
Galerie im Rägeboge, Luzern
1980, 1983, 1987
Galerie Pablo Stähli, Zürich
1981, 1983, 1986
Galerie Toni Gerber, Bern
1982
Galerie Paul Maenz, Köln; Galerie van Krimpen, Amsterdam
1983
Bonner Kunstverein (Kat.)
1984
Kunsthalle Nürnberg (Kat.); Galerie Dany Keller, München; Kunstverein St. Gallen (Kat.)
1985
Kunsthalle im Waaghaus, Winterthur; Galerie Skulima, Berlin
1986
Meer-Haus, Bern (zusammen mit Heinz Brand)
1987
Galerie Karsten Greve, Köln; Galerie Dany Keller, München

Gruppenausstellungen

1981
30 Künstler aus der Schweiz, Innsbruck/Wien/Frankfurt/Zug (Kat.); *Fleisches Lust. Die Wiederkehr des Sinnlichen – Die Erotik in der neuen Kunst,* Galerie Maenz, Köln (Kat.)
1982
2. Internationale Jugendtriennale der Zeichnung, Nürnberg/Lausanne (Kat.)
1983
aktuell 83, Lenbachhaus München (Kat.); *Künstler aus der Schweiz – 10 Situationen,* Nürnberg (Kat.); *Die ersten Ankäufe der Stiftung Kunst Heute,* Kunstmuseum Olten
1984
Sun and Steel, New european-american work, Gallery Serra di Felice, New York (Kat.)
1985
Kunst mit Eigen-Sinn, Museum des 20. Jahrhunderts, Wien (Kat.); *Märchen, Mythen, Monster,* Rheinisches Landesmuseum, Bonn (Kat.); *Räume heutiger Zeichnung,* Staatliche Kunsthalle Baden-Baden (Kat.); *Tiefe Blicke,* Hessisches Landesmuseum, Darmstadt (Kat.); *Vom Zeichnen,* Frankfurt/Kassel/Wien (Kat.)
1986
die sammlung toni gerber im kunstmuseum bern, Kunstmuseum Bern (Kat.)

1987
Behauptende Körper, Museum of Modern Art, Shiga, Japan; *Offenes Ende – Junge Schweizer Kunst,* Nürnberg/Erlangen (Kat.)

Eigene Publikationen

Leiko Ikemura. Wild cats and domesticated cats, Zürich: Edition Stähli, 1983

Bibliographie

ANTON GUGG, *Mensch-Maske-Tier-Geist-Gestirn... die japanische Zeichnerin Leiko Ikemura,* in: Noema Art Magazine 3, Nr. 5, 1986, S. 12–15.
MAX WECHSLER, *Das Künstler-Porträt: Leiko Ikemura,* in: Vaterland, Nr. 145, 25. Juni 1983, S. 33.
MAX WECHSLER, *Leiko Ikemura,* in: Kunst-Bulletin, 2/1984, S. 12–16.

ERIC LANZ

geboren 1962 in Biel, lebt in Genf und Düsseldorf

G/Gorgones, 1985. Video-Installation

VIDEO ALS ÖKOLOGIE DER BILDER

Zum ABC von Eric Lanz

Bild 17. Doppelrollen seitwärts.

Wie viele andere habe ich das Alphabet als Kind aus einer Fibel gelernt. Mit jedem neu entdeckten Buchstaben verband sich ein Geschichtchen, durch das man sich bemühte, diesen als eine Person oder als einen vertrauten Gegenstand vorzustellen. Beim Konsonanten «P» angelangt, war ich fähig, «Papa» und «Pfeife» zu lesen. Ich erinnere mich zweifellos am besten daran, weil mein Vater immer Pfeife rauchte. Das ABC, das uns in die Lektüre einführt, hat sich bereits im Herzen der gesprochenen Sprache niedergelassen; die damaligen Pädagogen – die intuitiver waren als die heutigen – wussten diese geheimsten Mittel bestens einzusetzen, um unsere ersten Schritte auf den Weg der Kultur zu lenken. Derselbe Prozess funktioniert auf systematischere Weise, dann nämlich, wenn während eines Telefongesprächs ein Wort buchstabiert werden muss. Ich habe mich oftmals gefragt, weshalb üblicherweise den Buchstaben A, B und C viel eher die Vornamen Antoine, Béatrice und Charles als «armoire» (Schrank), «bateau» (Schiff) oder «castagnettes» (Kastagnetten) zugeordnet werden. Ich bin zum Schluss gekommen, dass sich durch diese beiden Anwendungsarten eine unfreiwillige Hommage an den märchenhaften Charakter des Alphabets abzeichnet. Weit davon entfernt, ein einfaches Werkzeug zu sein, wie man meinen könnte, scheint es mir ein wichtiger und unerschöpflicher Ur-Quell zum Imaginären zu sein.

Auf diese Weise jedenfalls setzt es Eric Lanz in einer Reihe von Arbeiten – Video-Bändern und -Installationen – ein, die sich jedesmal mit einem anderen Buchstaben verknüpfen, indem er diesen mit der Mythologie in Bezug setzt *(V/Vénus, D/Diane, G/Gorgones* usw.). Der ausgewählte Buchstabe verleiht ihm, ausser, dass er dem Werk eine Thematik gibt, auch die Mittel zu seiner Behandlung. So filmt Eric Lanz in *S/Sisyphe* die Achterbahn auf einem Jahrmarktsfest: ihre Form scheint direkt der Gewundenheit eines «S» nachgezeichnet zu sein, währenddem der Weg der Wägelchen, die die abrupten Hänge hinunterstürzen, an das endlose Werk des (seinen) Stein rollenden Sisyphos erinnert. *O/Orphée* funktioniert auf dieselbe Weise: ein kreisförmiges Yoyo erforscht auf seiner Talfahrt die Öffnungen von Schattenlöchern, die ohne weiteres die Zufahrtswege zur Hölle sein könnten.

Die Zusammenhänge zwischen Struktur, Thema und Alphabet sind manchmal weniger unmittelbar, wie in *P/Pygmalion,* in dem man ein mit Flitterzeug halbbekleidetes Mädchen sieht, das gleichgültig, aber in der provokativen Haltung einer P-rostituierten daliegt. Sie dient einem manischen Schützen als Zielscheibe, aber die aus einer Pistole geschossenen Haftpfeile werden vom transparenten Schirm eines P-aravents aus Glas gestoppt. In *G/Gorgones* gibt der Buchstabe der Installation seine Form, die ein riesiges «G» aus Blech darstellt, an dessen zwei Extremitäten, ein Video-Monitor und ein Spiegel sich gegenüberstehen. Da der Bildschirm zu hoch oben angebracht und zur Decke gerichtet ist, muss der Zuschauer die Bilder, die er überträgt, im Spiegel betrachten.

Man sieht, die Spanne der möglichen Kombinationen von Buchstabe, Mythologie und Form ist gross genug, um eine Vielfalt von Annäherungen zuzulassen. Aus diesem Grund verlangt der Rückgriff auf das Alphabet gleichzeitig, jedes neue Werk als Teil eines Ganzen zu sehen und umgekehrt, dieses Ganze von jenem Element her, das es ergänzt, neu zu interpretieren. So zeigen sich die Video-Bänder und -Installationen von Eric Lanz wie Variationen oder besser wie Interpretationen zu einem vorgegebenen Schema.

In dieser Weise sollte man *E/Echo* und *X/Ixion* angehen. Die erste dieser Installationen war ursprünglich für einen festgelegten Ort bestimmt, nämlich für einen Saal des Centre Culturel Suisse in Paris, der folgende Besonderheiten aufweist: drei quadratische Pfeiler, über die sich ein Träger erstreckt, bilden eine Art grosses, auf seine horizontalen Schenkel umgekipptes «E». An jedem dieser Pfeiler war ein Monitor befestigt, jedes Mal anders gerichtet und in variabler Höhe angebracht, an die Multiplikation und die Brechung des Echos im Tonraum erinnernd. Das Video-Band, das gleichzeitig über die drei Bildschirme übertragen wurde, zeigt ein in zwei Teile vertikal aufgetrenntes Bild, wobei in einem Teil eine Figur erscheint, um sich im andern kopfüber zu spiegeln. Aber diese Umkehrung funktioniert, anstatt nur einfache Replik zu sein, wie das bei Kartenfiguren der Fall ist, strenggenommen wie ein visuelles Echo, das unvermeidbare Distorsionen, Informationsverluste in seine Gestalt einbezieht. So bilden sich Paare: eine Hand und ein Gummihandschuh, ein eingeschnittenes Brötchen und ein Paar charmante Hinterbacken, zwei nackte Beine und ein Nussknacker, eine weibliche Brust und die Brüste einer antiken Statue, ein Paar, das lächelt und dann nicht mehr lächelt, das Gesicht einer Frau und ein Puppenkopf usw. Einige dieser Bilder sind dem Kino entliehen, andere dem Fernsehen, weitere wiederum sind von Eric Lanz selbst gefilmt. Die Echovorrichtung beginnt demnach so zu funktionieren wie ein maliziöses Rührwerk visueller Botschaften aus verschiedenen Quellen, wobei der Bildschirm des Monitors zu einer Fläche wird, deren Teilung alle Bedeutungsverschiebungen erlaubt, und zwischen der Sache oder deren Darstellung eine Art zweideutige ontologische Gleichheit schafft. Als ob Eric Lanz darauf hätte hinweisen wollen, dass das Unbewusste heute in direkter Verbindung mit der Mediatisierung steht, dass es frei entlang den Störlinien der Kommunikationsnetze zirkuliert und dass das Echo schliesslich die moderne Form der freien Assoziation ist: Durch progressive Deformationen erzeugt es eine Konstellation, in der alle Konfigurationen der Begierde lesbar sind. Das Echo als freudige Tätigkeit also, in der die Bedeutung sich nie an das Bild knüpft (an dieses gehärtete, gefrorene Fantasma), sondern sein ironisches Zirkulieren locker fortführt.

Die Realisierung einer solchen Vorrichtung lässt nur das Video zu. Im Kino ist das Brot ein Brot, ein Hinterteil ein Hinterteil, jedes ist in seiner Art begehrenswert, weil der Film den Schein des Lebens durch einen fotografischen Prozess festhält, während das magnetische Band zum Leben selbst bewegt wird. Der Bildschirm des Fernsehers ist gleich einer Schreiboberfläche, auf der ein unaufhörliches Hin- und Herzeilen die Unterschiede zwischen den Dingen, zwischen den Darstellungen, zwischen den Dingen und ihren Darstellungen, zwischen Bewusstem und Unbewusstem abnützt. So ist *E/Echo* also vor allem eine Metapher des Video, das seinerseits wiederum Echo der Welt ist. Daraus darf man nicht allzu rasch schliessen, dass die Installation von Eric Lanz nur eine Arbeit *über* Video sei. Durch diese fragt er nach unserer Beziehung zu den Bildern anhand des Mythos, der die Nymphe Echo mit Narziss und Pan verbindet: einerseits der begierige Satyr, immer damit beschäftigt, der vergänglichen Schönheit nachzujagen («diese Nymphe, sie ergreifen» – Mallarmé) und nie befriedigt über seine Siege; andererseits der schöne junge Mann, verzweifelt über die Betrachtung eines einzigartigen und unerreichbaren Widerscheins. Das ganze Feld der Begierde erstreckt sich auf diese beiden Blicke, denjenigen des Jägers, der nicht ohne jegliche Grausamkeit von einem Bild zum anderen jagt und denjenigen des unglücklich Liebenden, den ein einziges Bildnis gegenüber der Welt blind werden lässt. Vom Voyeurismus zum Narzissmus versucht *E/Echo* – nach Eric Lanz das Video – durch eine Repetitionsstrategie die Vielfalt der Verwicklungen, die uns an die Bilder fesseln, durchzugehen und zeigt damit eine Möglichkeit auf, allzu schmerzhafte Verbindungen zu lockern.

Bild 28. Rhönradgruppe.

Zu Anfang von *X/Ixion* steht ein merkwürdiges Gerät, ein Rad aus zwei parallel montierten Ringen aus Stahlrohr – das Rhönrad –, welches in Deutschland unmittelbar vor dem Krieg einen aufsehenerregenden Erfolg zeitigte. Der Turner stellt sich mit ausgestreckten Armen und Beinen im Innern auf, etwa wie auf der berühmten Zeichnung von Leonardo da Vinci, dann rollt und springt er mit dem Rad, überschlägt sich, und macht was weiss ich noch alles! Hochgeschätzt von den Nazis, die darin zweifellos das ideale Werkzeug zur Bildung der Muskelkraft des «schönen, blonden Kraftmenschen» sahen, verschwand das Gerät vorerst nach 1945; nach und nach kam es aber wieder auf und hat heute wieder in der Reihe verwendeter Gymnastikgeräte seinen Platz. Eric Lanz nimmt es seinerseits wieder auf, um es in einer Installation zu zergliedern. Der zerlegte Metallkreis schlängelt sich auf dem Boden, wobei er den Blick zu einem Video-Monitor führt, welcher Bilder überträgt, die manchmal in vier Dreiecke verschnitten sind, die an den x-förmigen, im Apparat gefangenen Körper erinnern, während Szenen von höllischen Drehungen an seinen Kreisumfang erinnern.

Das Wort «Ixion» ist nahe bei «ixias», die Mistel, und «Ischys», die Macht. Es würde «starker Eingeborener» bedeuten. Mann kann sich leicht die politischen Folgen einer solchen Dreieinigkeit vorstellen, wo die Rassenreinheit, die physische Kraft und die druidische Derivation von der griechischen Tradition sich wiederfinden. Aber «Ixion» ist auch einer dieser Helden, die Opfer der kapriziösen Eifersucht der Götter sind. Von Zeus gestraft, weil er Hera zu verführen versuchte, wird er auf einem sich im Himmel ewig drehenden Feuerrad gemartert. So ersetzt die Idee des Leidens diejenige der triumphierenden Kraft. Die glorreiche Keimfreiheit des Athleten macht der Verwesung des gefolterten Fleisches Platz. Alles spielt sich so ab, als wäre der Körper zwischen zwei extremen Visionen gefangen: die eine durchaus positiv, die andere katastrophal. Einmal mehr befragt Erik Lanz unseren Blick, indem er die ideologischen und kulturellen Voraussetzungen, die ihn formen, ans Licht bringt. Der Körper wäre also dieses Objekt, das man immer bereits gesehen, bevor man es überhaupt wahrgenommen hat. Schliesslich spürt Eric Lanz die hinter jeder Inszenierung des Körpers vorhandene erotische Faszination auf, indem er ein Video-Band aus kurzen Filmauszügen schafft, in denen Frauen in der Runde tanzen, Pirouetten drehen oder Salti vorführen, andere sich, mit nacktem Oberkörper, gestikulierend gegen hypothetische Feinde richten oder eine Raubkatze wehren, oder akrobatische Übungen ausführen, die sie während einem Sekundenbruchteil enthüllen. *X/Ixion* führt damit sein Vido-ABC weiter, das schon von Anfang an nicht aufhört, den unterschwelligen Sadismus in der Darstellung der Frau in Frage zu stellen. Ein Sadismus, der sie dazu bringen möchte, ihre Wahrheit auszuspeien und der sich zwischen Ekstase und Ekel erschöpft. Es ist der gynäkologische Stuhl von *V/Vénus,* die durch das Yoyo von *O/Orphée* erforschten Öffnungen, von denen man meinen könnte, sie seien, über die Wege zur Hölle hinaus, die verwirrte Metapher von Eurydikes Vagina; es sind die Pfeile von *P/Pygmalion,* die ihr Ziel verfehlen, indem sie auf seinen äusseren Schein prallen, und es ist schliesslich das Gesicht der Medusa von *G/Gorgones,* das nur durch einen Spiegel ohne Gefahr erblickt werden kann.

Bild 7. Schwierige Wiegeübung.

Alle Arbeiten von Eric Lanz drehen sich um ein einziges Problem: Wenn die Bilder uns halten, können wir unsererseits lernen, diese zu halten? Währenddem *E/Echo* sich mit Humor daran macht, den Pan-Sexualismus des Blickes zu entschleiern, geht *X/Ixion* mit beissender Ironie einen gewissen verzweifelten Voyeurismus an. Weil die Utopie des athletischen Körpers den Voyeur seiner sexuellen Dimension beraubt, wird er in seine beschämende Heimlichkeit getrieben. Auf diese Weise bildet sich allmählich, von einem Buchstaben und einem Mythos zum andern, eine tatsächliche «Ökologie der Bilder» heraus (vgl. E. Gombrich), die auch eine wunderbare Lektion der Begierde ist.

François-Yves Morin

Aus dem Französischen von Daniela Tobler

X/Ixion, 1987. Video-Installation in der Galerie Grita Insam, Wien

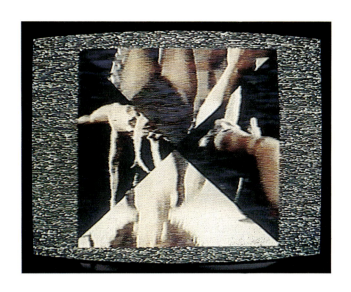

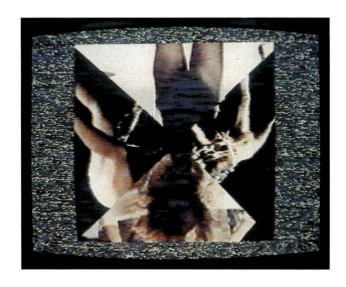

X/Ixion, 1987. Stills aus dem Video-Band

Eric Lanz

geboren am 5. Juni 1962 in Biel
1981–1986
Ecole Supérieure d'Art Visuel, Genf
1985
Zweiter Preis *Videoart*, Locarno; Zweiter Preis *Semaine internationale de vidéo*, Genf; Eidgenössisches Stipendium
1986
Eidgenössisches Stipendium; Bourse Berthoud, Genf
1986/87
Kunstakademie Düsseldorf

lebt in Genf und Düsseldorf

Gruppenausstellungen/Videoart-Veranstaltungen

1983
ESAV 83, Musée Rath, Genf
1984, 1985, 1987
Espace Lyonnais d'art contemporain, Lyon
1985
Fri. Art, New York (Kat.); *Festival Videoart*, Locarno; *Semaine internationale de vidéo*, Genf
1986
Von Bildern, Kunsthalle Bern (Kat.); Centre Culturel Suisse, Paris (mit Marie José Burki); *Festival international de vidéo et de télévision*, Montbéliard; *Videonale 86*, Wien; *Festival du jeune cinéma et de la vidéo*, Montreal; *Höhenluft. Videoszene Schweiz*, Köln, *Elektronische Künste*, Bonn
1987
Des Images, Centre d'art contemporain, Genf; *Wind im Getriebe*, Galerie Grita Insam, Wien (Kat.); *Offenes Ende – Junge Schweizer Kunst*, Nürnberg/Erlangen 1987 (Kat.); *Video Biennal*, Barcelona

Videographie

1983
Tout corps plongé (Installation); *La tombe du plongeur* (mit Marie José Burki; 15 min)
1984
Locus suavis (mit Marie José Burki; 18 min)
1985
S/Sisyphe (Installation); *P/Pygmalion* (6,5 min); *V/Vénus* (7 min); *G/Gorgones* (Installation)
1986
O/Orphée (6,25 min); *D/Diane* (Installation); *E/Echo* (Installation)
1987
X/Ixion (Installation)

Bibliographie

KONRAD TOBLER, *Spiegelbilder. Über «G/Gorgones» von Eric Lanz/Images dans un miroir. Sur «G/Gorgones» de Eric Lanz*, in: Kat. Bern/Genf 1986/87.

JOSEF FELIX MÜLLER

geboren 1955 in Eggersriet/SG, lebt in St. Gallen

DIE KATHEDRALE DES LEIBES

Angesichts dieser Holzschnitte – ein jeder als einzelnes, nicht zusammengesetztes Stück geschaffen – fragt man sich, wie solche Werke entstehen. Wenn wir mit dieser Frage beginnen, so deshalb, weil der Prozess der Entstehung aufschlussreich für die Arbeit von Josef Felix Müller schlechthin ist.

In den rohen Holzboden seines Ateliers schürfte und sägte er mit der Motorsäge die Bilder ein, rieb die Farbe in die unbearbeitete Oberfläche, und mit den zahlreichen Füssen von Freunden und Bekannten wurden die Abzüge, je fünf an der Zahl, gemacht.

Beginnen wir mit den Freunden und Bekannten. Josef Felix Müller gehört zum Typ des charismatischen Künstlers, der eminent kommunikativ, immer auch für andere denkt. In einem kleinen Eigenverlag publiziert er Schriften von Künstlern, Schriftstellern und Dichtern. Er hatte vor einigen Jahren über längere Zeit eine Schaufenstergalerie betrieben, und Künstler, die heute weithin bekannt sind, zu bemerkenswerten Beiträgen motiviert.

Nach einer Reihe von Gemälden entstehen heute vor allem Skulpturen. Die Motorsäge ist sein hauptsächliches Instrument. Wie die Holzschnitte hier, wachsen die aus Pappelholz geschaffenen Skulpturen aus einem Stück. Gewaltige Stammhölzer lagern in seinem Atelier: Wenn er mit der Arbeit beginnt, besitzt er zwar eine Vorstellung, oft durch Zeichnungen und Skizzen belegt, jedoch kein präzises Bild einer Skulptur. Entstehungsprozess und Bild der Skulptur sind gleichwertig, weil beide Teile kontinuierlich ineinandergreifen, denn wie komplex auch immer sich das figürliche Geschehen der Skulptur im Endresultat offenbart, es muss vom Gleichgewicht her, als Skulptur, im Lot sein.

Was ist das für eine Energie, die über das Instrument der Motorsäge Form und Inhalt und zusätzlich die Standfestigkeit einer in sich vielteiligen und vielschichtigen Skulptur bestimmt?

Ich glaube, man kann zuerst feststellen, dass es eine fliessende Energie ist; eine Energie, die sich zusehends Formen aneignet und umgekehrt in Formen mündet. Die Geschlechtlichkeit des Menschen wird durch das Ritual der Instinkte als bewusste, kommunikative Kraft im anarchischen Spannungsfeld von Tod und Geburt, Zerstückelung, Zuneigung und Hingabe transzendiert.

Diese fliessende Energie zeichnet seine Holzschnitte aus. Man kann sich bildlich vorstellen, wie gering die Kontrolle über das figürliche Geschehen während der Arbeit ist: Instinktiv und intuitiv sucht sich der Künstler mit der Motorsäge seinen Weg, zieht Bahnen und Spuren, schafft im Raum die beängstigende Frontalität, und in der Frontalität jenen Kosmos, der das Werden und Vergehen in die unerbittliche Gegenwart des Individuums bannt.

Jean-Christophe Ammann

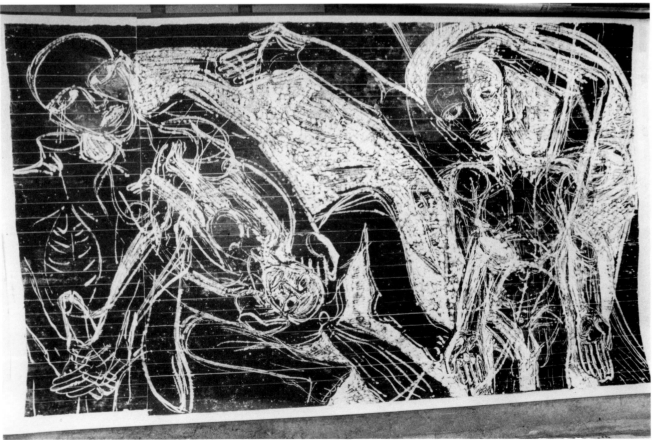

Blick ins Atelier von J. F. Müller mit Holzschnitten Nr. 1–3/Holzschnitt Nr.3, 1987. Grafik-Sammlung ETH

EKSTASE UND ENTFREMDUNG

Auf Grund seiner Arbeitsweise (direkte Bearbeitung des Baumstammes ohne vorherige definitive Entwurfszeichnung) unterscheidet sich Josef Felix Müller – bei aller scheinbaren Nähe in Material und Technik – nicht nur in der Thematik, sondern vor allem auch im Herstellungsprozess grundlegend von älteren und zeitgenössischen Holzbildhauern. Im Hinblick auf die formale Gestalt von Müllers plastischen Arbeiten ist zu fragen, ob diese Arbeitsweise unter den Bedingungen des Mediums Skulptur überhaupt als sinnvoll erscheint.

Die Malerei verfügt über die Möglichkeit, durch Übermalungen während des Entstehungsprozesses Korrekturen oder sogar grundlegende Veränderungen der Bildanlage vorzunehmen. Die Skulptur hingegen verfügt über keine Möglichkeit, Fehlentscheide und/oder Missgriffe, die sich während des Abtragens des Stammkerns ereignen, rückgängig zu machen. Dazu kommt, dass bei gegenständlichen Darstellungen, insbesondere bei Figurengruppen, die räumliche Organisation der Teile zu einem sinnstiftenden Ganzen – das stets den Vergleich mit dem Naturvorbild auszuhalten hat – unvergleichlich komplexer und unvorhersehbarer ist als die Flächenprojektion einer vergleichbaren Figurenkonstellation in einem Gemälde. Die Verbindung der Teile, die Verschränkung der Glieder, die Bildung von Hohlräumen zwischen den Figuren und die Silhouettierung der Aussengestalt ist zudem immer auch im Hinblick auf die Frage der Ein- oder Mehransichtigkeit einer Skulptur zu lösen. Im Falle der Holzskulptur kommt als erschwerender Umstand hinzu, dass die Zylinderform und die Grösse des zur Verfügung stehenden Baumstamms die räumliche Ausdehnung der Figur(-en) vorbestimmt. Alle diese Gründe führten den Bildhauer traditionellerweise zur Einsicht, dass die Realisierung einer Skulptur der Vorbereitung durch Entwurfszeichnungen und durch plastische Modelle (Bozzetti) bedarf. Wenn Josef Felix Müller auf solche Absicherungen verzichtet, bezieht er auf seiner Gratwanderung das Moment des Scheiterns a priori mit ein.

Diese Missachtung traditioneller Verfahrensweisen wird nur einsehbar vor dem Hintergrund einer neuen Ästhetik. Für die Malerei hat Martin Disler den Beweis erbracht, dass eine Strategie der permanenten Selbstüberforderung eine Voraussetzung ist, damit das Ich in Augenblicken ekstatischer Entgrenzung Zugang findet zu den Grundschichten menschlicher Existenz. Nächtelang «knetet» Disler die Ölfarbe, bis im Chaos der Materie Gestalten aufleuchten, die für die Intensität seiner Grenzerfahrungen Zeugnis ablegen. Eine vergleichbare Strategie hat sich Josef Felix Müller im Medium Skulptur zu eigen gemacht. Er setzt darauf, dass die physische und psychische Herausforderung, die der Materialwiderstand der teilweise riesigen Baumstämme mit sich bringt, sein räsonierendes Ich ausschaltet, um sich in Augenblicken der Entgrenzung von der gestaltenden Kraft seiner inneren Bilder leiten zu lassen. Seine Skulpturen sind damit eher Zeugnisse eines Geschehnisses als Darstellungen einer zu einem früheren Zeitpunkt gemachten Erfahrung (bzw. Einsicht). Diese ungewöhnliche, prozesshaft-fliessende Gestaltungsweise wird als eine unabdingbare Voraussetzung für die inhaltliche Eigenart von Müllers Skulptur einsehbar. Vom Furor, mit dem Müller bei seiner Gratwanderung ans Werk geht, zeugen sowohl die rasch und impulsiv behauene Oberfläche, ein Kontinuum breiter, vibrierender Facettenschläge, die keine Ausformung (anatomischer) Einzelheiten zulassen, wie auch das Summarische und stark Typisierte in der Körperbildung. Das Entwurfsmässige daran entspringt keiner stilistischen Haltung, sondern ist Ausdruck des Verlangens, das Fliessende und die Intensität der inneren Bilder möglichst ohne Zwischenschaltung einer kontrollierenden und formreflektierenden Instanz weiterzuleiten.

Das Statuarische an den 1986/87 entstandenen Werken von Müller gemahnt an traditionelle Werke der abendländischen Skulptur. Ist dies als Zeichen des «retour à l'ordre» eines Künstlers zu deuten, der seine Sturm-und-Drang-Jahre erfolgreich hinter sich gebracht hat? Diese Ansicht widerlegt Müllers Werk selbst, da neben den statuarisch-verhaltenen Arbeiten weiterhin Vielfigurengruppen von elementarer (sexueller) Gewalttätigkeit entstehen. Das Werk von Josef Felix Müller scheint demnach auf zwei sich gegenseitig ausschliessenden Konzepten aufzubauen. Es wäre jedoch eine unzulässige Vereinfachung, nur die Gegensätzlichkeit der beiden Positionen ins Auge zu fassen. Diese beziehen sich im

Ohne Titel, 1986. Weidenholz roh, Höhe 190 cm

Gegenteil in reziproker Weise auf denselben Erfahrungshintergrund: In den gewalttätig-sexuellen Skulpturen erlösen die geschlechtsspezifischen Energien die Figuren von ihrer Entfremdung. In der Ekstase sexueller Kommunion überwindet das Individuum seine Vereinzelung und wird in den fremd gewordenen, auseinandergerissenen Lebenszusammenhang zurückgeführt. Der Preis, den der Einzelne dafür bezahlt, ist die Selbstaufgabe seiner Autonomie und Individualität – auf die Gefahr seiner physischen Zerstörung durch (Selbst-)Verstümmelung hin. Bei den statuarischen Arbeiten handelt es sich hingegen um Figuren, die ausserhalb des Lebenszusammenhangs stehen. Sie erfahren sich als Mangelerscheinungen. Ihre Gesten assoziieren den Schrecken: die eine Gestalt (*Stehende Figur,* 1986. Sammlung Basler Kunstverein), die die Hände vors Gesicht hält, den Schrecken vor dem entblössenden Licht, die andere (*O. T.* [Stehender Mann], 1986. Privatsammlung), die ihre Hand an die Brust führt, den Schrecken vor einer möglichen Beraubung des Lebens.

Diese Erfahrungen des Schreckens steigern die Präsenz der Figuren im Raum. Die Momentaneität ihrer Erfahrung (das Innehalten des Zeitablaufs) elektrisiert unmittelbar die Wahrnehmung des Betrachters, währenddem sich die gewalttätig-sexuellen Figurengruppen nur im zeitlichen Kontinuum ihrer Handlungsbezüge erschliessen. Diesen raumexpansiven, meist in aggressiven Farben bemalten Figurengruppen steht der Betrachter teils hilflos, teils mit der Distanziertheit eines Voyeurs gegenüber; mit den von keinem «Farbmantel» geschützten statuarischen Einzelfiguren, an deren fragiler, in sich gekehrter Gestalt die bedrängende Leere des Raumes ablesbar ist, tritt er hingegen unmittelbar in einen Dialog.

Martin Schwander

Stehende Figur, 1986. Pappelholz roh, Höhe 182 cm

Paar, 1987. Pappelholz roh, Höhe 257 cm. Galerie Hilger, Wien-Frankfurt

Josef Felix Müller

geboren am 10. Dezember 1955 in Eggersriet/SG
1971–1975
Ausbildung als Stickerei-Entwerfer
1975
Arbeit als Druckentwerfer
1978
Mitbegründer eines Ateliers für Textildruck; Gründung des Selbstverlags KAK
1980–1982
Leitung der St. Galerie, St. Gallen
1981
Aufmunterungsgabe der Stadt St. Gallen
1984
Aufenthalt in Frankreich; Prix de la Banque cantonale, Genf
1985
Skulpturengruppe in der Abdankungshalle, Friedhof Feldli, St. Gallen; Mitherausgeber der Zeitschrift *vexer*
1986
Preis der Stiftung für graphische Kunst in der Schweiz

lebt in St. Gallen

Einzelausstellungen

1981
Galerie t'Venster, Rotterdam
1983
Raum für aktuelle Schweizer Kunst, Luzern; *Kreuzfahrt durch die Wasserfälle,* Filiale, Basel; *Küss die Hand...* Kunsthaus Zürich
1984
Biss, Galerie Corinne Hummel, Basel; Galerie Franco Cicconi, Macerata (Italien); Octobre des Arts, Lyon; Musée d'art et d'histoire, Genf
1985
Galerie Rivolta, Lausanne; Stampa, Basel; *Skulpturen,* Museum für Gegenwartskunst, Basel (Kat.)
1986
Städtische Galerie, Erlangen; Kunstverein Ingolstadt; Neue Galerie Sammlung Ludwig, Aachen; Galerie Pierre Huber, Genf
1987
Centre Culturel Suisse, Paris; Musée Sainte-Croix, Poitiers; Blau-Gelbe Galerie, Wien; Stampa, Basel; Galerie Lutze, Friedrichshafen; Lang & O'Hara Gallery, New York; Deweer Art Gallery, Ottegem (Belgien)

Gruppenausstellungen

1981
Bilder, Kunstmuseum Winterthur (Kat.); *FRI-ART. Drei Nächte, drei Bilder,* Fribourg (Kat.); *Fleisches Lust. Die Wiederkehr des Sinnlichen – die Erotik in der neuen Kunst,* Galerie Maenz, Köln (Kat.)
1982
Kunsthalle Basel (mit Federico Winkler, Carlos Figueira, Jürg Stäuble, Anna Winteler und Matthias Aeberli); *Fünf Schweizer Künstler,* Galerie Farideh Cadot, Paris; *Zwitserse Avant-Garde,* Den Haag (Kat.); *Présence Suisse,* Galerie Farideh Cadot, Paris
1983
Gegenwartskunst Bodensee. 3 Länder – 3 Künstler, Friedrichshafen; *Die ersten Ankäufe der Stiftung Kunst Heute,* Kunstmuseum Olten
1984
Skulptur im 20. Jahrhundert, Merian-Park, Basel (Kat.); *Blüten des Eigen-Sinns,* Kunstverein München (Kat.)
1985
Fri. Art, New York (Kat.); *3. Internationale Triennale der Zeichnung,* Nürnberg; *Acht Schweizer Künstler,* Künstlerhaus Bethanien, Berlin; *Terrae Motus 2,* Fondazione Amelio, Neapel
1986
Skulpturen, Galerie Stampa, Basel; *Swiss Selection,* Galerie Beyeler, Basel
1987
Das ungleichschenklige Dreieck, Galerie Hilger, Wien (mit Peter Kamm und Alex Hanimann, Kat.); *Avant-Garde in the Eighties,* County Museum of Art, Los Angeles; *Offenes Ende – Junge Schweizer Kunst,* Nürnberg/Erlangen (Kat.)

Eigene Publikationen

Kreuzernachtigall, hrsg. in Zusammenarbeit mit dem Raum für aktuelle Schweizer Kunst, Luzern und Filiale Basel, St. Gallen. 1983
JOSEF FELIX MÜLLER, *Moral liegt in den Händen der Sehnsucht,* in: Der Alltag, Nr. 2/3 (Thema: Moral), Zürich 1985.
Loch, Buch mit 37 Originallithografien und Texten von J. F. Müller, Basel: Edition Stampa, 1986.

Bibliographie

JEAN-CHRISTOPHE AMMANN, *Josef Felix Müller,* in: Kunst-Bulletin, 5/1981, S. 2–4.
BERNHARD BÜRGI, *Was es mit dem Josef auf sich hat,* in: Kat. Basel 1982.
MARTIN SCHWANDER, *Josef Felix Müller,* in: Noema Art Magazine 4, Nr. 12–13, 1987, S. 84–85.
TONI STOOSS, «Felix»: *Sechs Augenblicke der Begegnung mit einem Wesen der dritten Art/Six moments of encounter with a being of the third kind,* in: Parkett, No. 2, 1984, S. 84–95.
LUTZ TITTEL, *Gespräch mit Felix Müller,* in: Kat. Friedrichshafen 1983, S. 101–107.
ARMIN WILDERMUTH, *Körperkontakte. Versuch über Felix Müller,* in: Kat. Basel 1982.
JÖRG ZUTTER, *Menschensäule als Symbole der zyklischen Ablösung von Leben und Tod,* in: Kunst-Bulletin, 10/1985, S. 8–11.
Josef Felix Müller, in: Malerei/Painting/Peinture, Nr. 4, 1987.

CARMEN PERRIN

geboren 1953 in La Paz, Bolivien, lebt in Genf und Marseille

DIE LEHRE DES AUGENBLICKS

Zu Carmen Perrin

Eine eiserne Klinge windet sich in drei, vier, fünf Umdrehungen zur Spirale. Sie wird in ihrer Torsion durch eine Klemme aufgehalten, eine Zwinge, die sie an einer Röhre aus feuerfestem Ton festmacht, an eine Schieferplatte, an ein Stück Geflecht oder perforierten Stahl, an etwas, das zurückhält, das umfasst, einsperrt oder Gewicht hat. Das so beschaffene Werk unterbricht seinen Gestaltungsprozess, beugt sich einer Form, die es in den Raum einführt, verzichtet deshalb jedoch nicht auf seinen Höhenflug: die Schwere der irdischen kompakten Materialien, die es in der von ihm angenommenen Struktur unbeweglich machen, genügt nicht, seinen Schwung aufzuhalten. Im Gegenteil, alles geht so vor sich, als ob die für eine gewisse Zeit der Statik untergeordnete Spannung nur auf den richtigen Augenblick warten würde, um sich befreit in einer Explosion zu entspannen, die die Verbindungstaue weit weg von sich wärfe, jeglichen Druck wegwischte, den gestaltenden Elementen ihren Ursprung, ihre Unschuld zurückgäbe: die wieder gerade gewordene Klinge und das neu zu schaffende Werk.

Und so ist nie etwas je definitiv. Die Skulpturen von Carmen Perrin stellen Augenblicke des ungewissen Gleichgewichts dar, die eine Form, einen Rauminhalt bestimmen, ohne dass der sie umgebende Raum durch die Ausdehnung, die das Werk beinhaltet, erstarrt oder sich deren Besitzergreifung unterwirft. Formen und Rauminhalte weigern sich in der Tat, uns die Materie als eine Masse oder ein Gewicht aufzuzwingen. Sie spielen mit der Linie, bevor sie sich verdichten, mit der Leichtigkeit und Transparenz, bevor sie dem Auge oder der Hand durch die Fläche oder die Dichte zum Hindernis werden. Und doch, wenn auch das Schilfrohr, die Weidenrute, der Stengel ab und zu zum Wortschatz von Carmen Perrin gehören können, wie auch jenes durchsichtige Plastikrohr, so bestehen die von ihr bevorzugten Materialien zum grössten Teil aus Industrie-Grundstoffen, die an die Fabrikation, an die Produktion, an die Konstruktion gebunden sind: das Metall, der gewalzte Stahl, das perforierte Aluminium, der Ziegelstein, das Geflecht, der Draht. Doch in keiner Skulptur herrschen sie durch ihre Statik vor; diese ist immer Gegenstand der Kritik, bis an die Grenze eines Gleichgewichts der Spannungen gedrängt; es ist die Spannung des Materials selbst oder eine Spannung, die sich zwischen zwei im Dialog stehenden Materialien abspielt; die Spannung eines Augenblicks, die das Stück in eine Dynamik hineinzieht, die eine manchmal so gewaltige Bewegung, dass man erwartet, das Werk umkippen zu sehen – Bruch, Umsturz – oder dass es endlich jenen schrillen Ton ausstösst, von dem man fühlt, dass er ganz in seiner Energie enthalten ist.

So ist jede Skulptur ihrem eigenen Moment eingeschrieben. Sie hat, irgendwie, weder Anfang noch Ende, sondern nur jene Zeit, die sie ihrer labilen Existenz zur Darstellung bringt. So gesehen ist die von Carmen Perrin getroffene Wahl der Materialien offenbarend: Materialien für die Fabrikation, die Produktion, die Konstruktion, Materialien, die eine bestimmte und differenzierte Existenz haben, doch die von ihrem Ursprung her im Werden sind, in der Verarbeitung von etwas anderem als ihre eigene Materie. Sie sind Teile, Elemente, Werkzeuge, mehr oder weniger gefügige Komplizen der Hand, die sie modelliert und sie bezwingt, indem sie diese für ihre eigenen spezifischen Zwecke benützt, ohne sie in ihrem Wesen zu verändern. Sie stehen im Gegensatz zum Stein, den man schleift, der Erde, die man schlägt und wendet, des Holzes, das man schnitzt oder zusammensetzt. Mit der Wahl solcher Materialien verrät sich der Wille, eine Skulptur der "Antimaterie" zu schaffen, eine Skulptur, die keine Figur, kein Rauminhalt, keine vorgefasste und geformte Masse sein möchte, sondern eine Bewegung in der Zeit, die man vermutet und die man erlebt.

In einer Arbeit, die auf jegliche materielle Andeutung verzichtet, welche Linien und Kurven spannt und entspannt, die Ebene biegt, die Oberfläche in Voluten zerlegt, kann die Farbe lediglich einen Wert der Bewegung darstellen. Carmen Perrin bringt die Farbe nur auf subtile, jedoch präzise Weise ein, immer wenn die natürliche Farbe des Materials verwandelt werden kann oder muss, um jenen strategischen Punkt der Spannung zu unterstreichen, die Krümmung durch die Unterscheidung des Innern und des Äussern zu betonen, oder auch das Element der Geschwindigkeit im Glanz des Goldes einzufangen.

Zu Recht könnte man bei Carmen Perrin die Elemente eines Vokabulars der sich wiederholenden Formen erkennen, unter denen die Spirale zweifellos die vorherrschende ist. Sie ist es durch ihre Wahl und aus Notwendigkeit: die Zeit, diese wesentliche Komponente in der Arbeit von Carmen Perrin, bewegt sich auf der Spirale fort, die weder Anfang noch Ende hat; sie bewegt sich unendlich auf der Spirale fort, indem sie sich exponential erweitert. Die Spirale bietet ihr eben das, was uns immer wieder entgleitet, nämlich die Umkehrbarkeit. Die Zeit hat keine Grenzen mehr, sie ist nur eine Folge von Augenblicken.

Die Lehre des Augenblicks: dies wäre die Botschaft des Werks von Carmen Perrin, zwischen Skulptur und Installation. Installation, sicher, denn alles beruht auf dem Augenblick: ich zeige etwas, ich nehme es weg… Diese Momente, die Carmen Perrin im Raum erscheinen lässt, beziehen sich jedoch nicht nur auf den Augenblick. Indem sie die Formen einer grundlegenden physischen Geometrie der Elemente wählt, oder jenen Frauentorso, der wie das entmaterialisierte Fossil eines Monuments erscheint, konstruiert Carmen Perrin Augenblicke, die zweifellos zerbrechlich sind, die jedoch zwischen der Zeit und dem Raum ohne weiteres unbegrenzte Augenblicke sein könnten.

Claude Ritschard
Aus dem Französischen von Anita Tobler-Casal

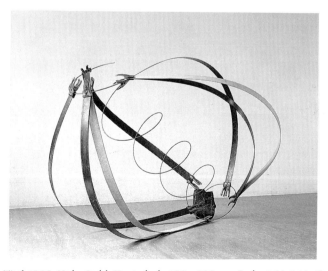

Ohne Titel, 1985. Holz, Stahl, Kautschuk, 150 x 225 cm. Smlg. A.M.A.M., Genève

Ohne Titel, 1986. Holz, Plastik, Höhe 130 cm, ⌀ 45 cm. Sammlung Jean-Paul Jungo, Morges

Ohne Titel, 1986. Holz, Stahl, Stein, 120 x 186 cm

Carmen Perrin

geboren am 9. Januar 1953 in La Paz, Bolivien
Ecole supérieure d'Art Visuel, Genf
1985
Eidgenössisches Stipendium

lebt in Genf

Einzelausstellungen

1981
Voir, du pays, Galerie Dioptre, Genf
1983
La maison est au fond du jardin, Galerie Andata/Ritorno, Genf
1984
Encore plus loin, Galerie Palud No. 1, Lausanne; *Carmen Perrin 1983–1984,* Palais de l'Athénée, Salle Crosnier, Genf (Kat.)
1986
Galerie Bob Gysin, Zürich/Dübendorf
1986/87
Carmen Perrin. Sculptures 1986, Halle Sud und Galerie Andata/Ritorno, Genf/Centre d'Art contemporain, Nevers/Lenz Refracioni, Parma/Musée cantonal, Sion/Musée d'Art et d'Histoire, Fribourg (Kat.)

Gruppenausstellungen

1980
Grandeur nature, Galerie Dioptre, Genf
1982
Mars/Mellow/Jeunes artistes contemporains de Genève, Halle de l'Ile, Genf (Kat.); *Dioptre. For ever,* Centre d'art contemporain, Genf; *Prospekt '82. Jeunes Artistes Suisses,* Raum für aktuelle Schweizer Kunst Luzern/Galerie Filiale, Basel (Kat.)
1983
K6 (Genève), Galerie Donguy, Paris (Kat.)
1984
Juxtapositions 2/1984, Maison de la Culture, Grenoble (Kat.); *Actualité de la sculpture,* Salle Simon I Patiño, Genf (mit Patrick Baizet und Jean Stern)
1985
Carmen Perrin, Douglas Beer, Daniel Berset, Stephane Brunner, Philippe Deleglise, Pier. And. Ferrand, Shedhalle, Rote Fabrik, Zürich; *Promenades,* Parc Lullin, Genf (Kat.); Kulturhaus Palazzo, Liestal
1986
Konfrontationen, Tübingen; Fundación Cultural Emusa, La Paz, Bolivien (mit J. Berthet, Kat.); Musée Cantini, Marseille; Kulturhaus Palazzo, Liestal; *Perfo4D,* Rotterdam; Binz 39, Zürich
1987
Kunstverein/Kampnagel Hallen, Hamburg; *Offenes Ende – Junge Schweizer Kunst,* Nürnberg/Erlangen (Kat.); *Wind im Getriebe,* Galerie Grita Insam, Wien (Kat.)

Bibliographie

Eine ausführliche Bibliographie enthält der Katalog *Carmen Perrin. Sculptures 1986,* 1986/87. Ferner:
EDITH KREBS, *Carmen Perrin,* in: Noema Art Magazine 4, Nr. 12–13/1987, S. 92–93.

PETER ROESCH

geboren 1950 in Aarau, lebt in Paris

Jakob im Kampf mit dem Engel, 1982.
Acryl auf Leinwand, 158 x 183 cm.
Sammlung Toni Gerber, Kunstmuseum Bern

GLEICHGEWICHTE DES UNVEREINBAREN

Zu den neueren Bildern von Peter Roesch

Eine in dominierendem Rot gehaltene, durch und durch tänzerisch bewegte Fingermalerei von 1982 nennt sich *Jakob im Kampf mit dem Engel*; ein Bild, in dem die dynamische Bildgestaltung zu einer betonten Ambivalenz der Bilderscheinung beiträgt. Es ist nicht gerade ein typisches Bild, das ich hier als Einstieg in die Arbeit von Peter Roesch wähle, aber es ist ein Bild, das sehr schön aufzeigt, wie sich in diesem Werk die verschiedensten Bedeutungsebenen zwischen Kunst, Erotik und Tod mehrdeutig spiegeln und durchdringen. Dieser «Ringkampf» zwischen zwei ungleichen Partnern bezieht sich zwar noch auf den ursprünglichen Gehalt des tradierten Bildmotivs, verselbständigt sich aber in der Darstellung zu einer allgemeineren Begegnung von fremdartigen Figuren, in deren Verlauf höchst widersprüchliche Gefühle oder Energien auftreten. Es eröffnet sich ein Spektrum der Interpretation, das vom spektakulären Zweikampf über eine freundschaftliche Balgerei bis zum Liebesspiel in der Hitze des Tanzes reicht, und es ist nicht ausgeschlossen, dass da ein Künstler schlicht seine Muse aufs Kreuz zu legen versucht. Der Diskurs des Bildes bewegt sich durch verschiedene Konnotationsebenen, das heisst, er zeigt die für Roeschs Arbeit so charakteristische Strategie der Mehrdeutigkeit und Überlagerung. Die Mehrdeutigkeit auf der Ebene des Inhalts und die Überlagerung auf der Ebene der Malerei stehen in einem ständigen dialektischen Verhältnis zueinander, sie bilden gleichsam das pulsierende Zentrum seiner Arbeit, aus dessen Bewegung heraus das Bild schliesslich seine Gestalt findet. Das fertige Bild ist dann wie eine Art von «Gleichgewicht», um hier eine frühere Bildthematik zu zitieren, in dem die verschiedenen darin vorgetragenen Argumente – die Figuren, Dinge und Emotionen – für einen kurzen Moment im Raum aufgehoben zu sein scheinen; es ist, wie wenn sich die oppositionellen Standpunkte in diesem Augenblick zu einer Art von Gesamtschau versammelten, zu einem so indifferenten wie auch labilen Gleichgewicht. Roesch inszeniert in seinen Bildern eine Begegnung von Gegenwelten, die sich im vagen Bildraum als Erscheinungen manifestieren, die der tradierten Logik nicht mehr gehorchen, die sich nicht in ein System von Polaritäten einspannen lassen, sondern auf eine paradoxe Annäherung der Extreme zusteuern. Die Logik dieser Bilder entspringt denn auch der handwerklichen und imaginativen Logik ihrer Entstehung, dem Prozess der denkerischen und malerischen Bildfindung, den Roesch sehr bewusst als Freiraum versteht, womit er einen Raum meint, der auch für ihn selbst noch Überraschungen bereithält und in dem er sich Freiheiten erlauben darf – Abwege und Umwege, Ausschweifungen und Abschweifungen. Am Anfang dieses abenteuerlichen Unternehmens steht das Einkreisen einer verbindlichen Bildidee, die in dem seine Arbeit stets begleitenden Prozess des Zeichnens in einem freien Spiel von Verwerfung und Findung soweit angenähert wird, bis sie als Grundlage oder Ausgangspunkt einer weiteren Entwicklung in ihrer Essenz auf die Leinwand transponiert werden kann. Damit ist der Punkt erreicht, an dem die Entwicklung des Bildes einen neuen Verlauf nimmt, denn das Bildmotiv kann sich nicht mehr in unzählige weitere Zeichnungen verflüchtigen, sondern bleibt in der Ebene des Bildes der Willkür des Malers ausgesetzt. Hier beginnt nun ein Wechselspiel, bei dem der Maler das Bild zwar immer zu beherrschen scheint, bei dem aber auch das Bild, zusehends an Gestalt gewinnend, allmählich seine eigendynamische Präsenz dem Maler aufdrängt und seine Entscheidungen beeinflusst.

Da beginnen die Figuren etwa ihr Wesen zu verändern oder versuchen, sich aus dem Bild zu stehlen, so dass sie vom Maler recht eigentlich umgarnt und festgemacht werden müssen. Eine der dazu verwendeten Methoden besteht bei Roesch darin, dass er solche vagierende Figuren provisorisch in Ton modelliert; oder er verbannt sie in ein anderes, gleichzeitig entstehendes Bild, wo sie dann wieder Unruhe in das dort bestehende Bezugssystem bringen. Das heisst, dass die ursprüngliche und sehr genaue Bildkonzeption schliesslich nur ein Ausgangspunkt ist, auf den es im Malprozess zu reagieren gilt; sie ist eine Art von Widerstand, an dem sich die Imagination des Malers messen und an dem sie wachsen kann – was aber nicht ausschliesst, dass sich das Bild nach einer Reihe von Transformationen oder Metamorphosen am Ende wieder dem Ausgangspunkt annähern kann. Diese langwierige Entwicklung des Bildes, in der sich Zwischen- und Nebenbilder wie Sedimente überlagern, ist gewissermassen eine lange Geschichte, die aus dem Nichts des Grundes an die Oberfläche der Bilderscheinung führt; eine Geschichte, die nicht notwendigerweise lesbar ist, weil ihr Anfang in das Ende eingeflossen ist. So bekommt das Bild eine Art von zeitlicher Dimension, eine Art von kaum fassbarer, dem Bereich des Räumlichen entgleitender Ausdehnung. Dieser schon fast metaphysische Aspekt des Bildes findet insbesondere in den neueren Arbeiten Roeschs einen ganz direkten Niederschlag in der Anlage des wirklichen Bildraums und der darin angesiedelten Wesen. Es ist wie ein Blick ins Gegenlicht, bei dem das Auge in gleissender Helle ertrinkt, und gleichzeitig ist es wie ein Blick ins Dunkel, bei dem es in der unendlichen Tiefe der Nacht versinkt, beide Male erscheint die Welt nur als Ahnung, wie eine sich in Gesichten offenbarende Schimäre oder, um noch ein weiteres Bild zu setzen, wie Gestalten, die sich aus der unergründlichen Verschleierung des Nebels lösen. Doch diese Umschreibungen sind nicht mehr als nur hilflose Versuche, die Atmosphäre der Bilder auf einer metaphorischen Ebene einzufangen, denn die Bilder selbst sind bei aller Rätselhaftigkeit durchaus nicht in einer «nebelverhangenen» Schummerigkeit angesiedelt – ihre Unschärferelation ist auratisch. Der in ihnen thematisierte Bereich des Übergangs manifestiert sich vielmehr in einer präzisen und klaren Formulierung eben jener kaum wahrnehmbaren Bewegungen zwischen der Welt des Rationalen und des Irrationalen. Die Bildfläche stellt sich als eine Art von Intensitätszone dar, als ein energetisches Feld, in dem die Figurationen irgendwo zwischen Auftauchen und Verschwinden eine flüchtige Gestalt annehmen und sich gleichsam selbst jenen Raum schaffen, der ihre fragile Wesenheit überhaupt atmen lässt.

Roeschs Bilder sind in einem gewissen Sinne phantastische Visionen von bruchstückhaften Erinnerungen an vergangene oder zukünftige Begegnungen oder Rituale, deren Sinn nicht mehr oder noch nicht genau auszumachen ist. Sie sind wie aus dem Kontinuum des Raumes herausgelöste Schauplätze, auf denen irgendwelche Akteure den in den Wind geschabten Urtext eines Palimpsests aufzuführen trachten oder, um auf Roeschs malerischen Prozess anzuspielen, sich ihrer eigenen Genese zu erinnern versuchen. Das heisst, dass die dargestellte Szenerie, so fremdartig oder geheimnisvoll sie auch erscheinen mag, immer einer impliziten Gesetzmässigkeit folgt, die das Bild nicht in die Beliebigkeit des Wunderbaren ausufern lässt: Roeschs Bilder-Welt ist so konkret wie es die trockene Härte und dünnschichtige Materialität seiner Bildoberfläche verspricht. Es ist gerade die spezifische Faktizität dieser Bilder, die das mystische Moment der Darstellungen überhaupt zum Tragen bringt und es gleichzeitig auf einer Ebene alltäglicher Vertrautheit ansiedelt. Wir werden angezogen, weil wir das Gesehene zu kennen glauben, um endlich zu bemerken, dass unser Wissen erst in der Betrachtung zur Erkenntnis wird. Vielleicht ist es ein bisschen so wie beim grossen Boxmatch, wo der eigentliche Fight auf der fernen Insel des Rings, aus der Tiefe der höchsten Stadionränge gesehen, sich zusehends zu einer von der Stimmung getragenen Fiktion verdichtet – zu einem «Engel-Tanz», wer weiss.

Max Wechsler

Kleiner Begleiter, 1987. Acryl, Tempera auf Leinwand, 180 x 145 cm. Sammlung Langenbacher

Meditation, 1987. Acryl, Tempera, Kohle auf Leinwand, 180 x 200 cm. Galerie Anton Meier, Genève

Peter Roesch

geboren am 18. Januar 1950 in Aarau
1967–1972
Graphiker-Ausbildung bei Josef Ebinger und an der Schule für Gestaltung, Luzern
1973–1975
Bildhauerklasse an der Schule für Gestaltung, Luzern
1975/1982/1983
Eidgenössisches Kunststipendium
1975–1977
Gast am Schweizer Institut in Rom
1977/1980
Stipendium der Kiefer-Hablitzel-Stiftung
1981–1982
Aufenthalt in Paris

lebt in Paris

Einzelausstellungen

1978
Galerie Jörg Stummer, Zürich (mit Peter Emch); *Junge Schweizer Künstler 3: Peter Roesch,* Kunstmuseum Luzern (Kat.)
1980
Galerie Jörg Stummer, Zürich
1981
Raum für Aktuelle Schweizer Kunst, Luzern; Galerie Toni Gerber, Bern
1982
Galerie Filiale, Basel; Galerie Toni Gerber, Bern; Galerie Jörg Stummer, Zürich
1983
Galerie Arte Viva, Basel; Galerie Toni Gerber, Bern; Galerie Apropos, Luzern
1984
Galerie Anton Meier, Genf (Kat.)
1985
Galerie Jörg Stummer, Zürich
1986
Galerie Silvia Steiner, Biel
1987
Galerie Anton Meier, Genf; Galerie Jörg Stummer, Zürich; Galerie D'Eendt, Amsterdam (mit Hugo Suter)

Gruppenausstellungen

1976
Tentativo Bevagna. Arte Svizzera in Piazza Silvestri a Bevagna, Bevagna, Italien (Kat.)
1980
Schweizer Museen sammeln aktuelle Schweizer Kunst, Zürich/Lausanne (Kat.)
1981
Aspekte der Jungen Schweizer Kunst, Regensburg (Kat.); *30 Künstler aus der Schweiz,* Innsbruck/Wien/Frankfurt/Zug (Kat.)
1982
Zwitserse Avant-Garde, Galerie Nouvelles Images, Den Haag (Kat.); *Présence Suisse,* Galerie Farideh Cadot, Paris
1983
Dulk, Melcher, Roesch, Galerie Georg Nothelfer, Berlin
1984
Blüten des Eigensinns, Kunstverein München/Berlin (Kat.); *Artistes de Lucerne,* Musée Rath, Genf (Kat.)
1985
3. Internationale Triennale der Zeichnung, Kunsthalle Nürnberg
1986
die sammlung toni gerber im kunstmuseum bern, Kunstmuseum Bern (Kat.)
1987
Roesch, Suter, Winnewisser, Galerie Camomille, Brüssel

Bibliographie

MAX WECHSLER, *Peter Roesch,* in: Kunst-Bulletin des Schweizerischen Kunstvereins, 1. Januar 1982, S. 10–14.
MAX WECHSLER, *Peter Roesch,* in: Noema Art Magazine 4, Nr. 12–13, 1987, S. 86–87.

ILONA RUEGG

geboren 1949 in Rapperswil, lebt in Rom

Ohne Titel, 1983. Pinsel in Tusche auf Papier, je 31,6 x 23,9 cm

OFFENE HORIZONTE

Von Ilona Ruegg zeigen wir in unserer Ausstellung Zeichnungen von 1983–1987. Die diesem Medium innewohnenden Qualitäten der Spontaneität und Skizzenhaftigkeit kommen den Intentionen der Künstlerin in besonderer Weise entgegen. In allen ihren Arbeiten ist eine Scheu vor dem Benennen zu erkennen. Ihre Skepsis gegen einseitige Fixierungen schlägt sich in der Offenheit ihrer Formen zwischen Figurativem und Abstraktem nieder. Ihr geht es nicht mehr um eine Beschreibung der Welt, wie man sie sieht. Zu sehr haben wir in unserer Zeit Dinge erfahren, für die unsere überkommenen Sichtweisen und Interpretationen nicht mehr ausreichen.

In den Zeichnungen von Ilona Ruegg wird die Vielschichtigkeit der Ebenen und das hinter den Phänomenen Liegende, Nicht-Beschreibbare spürbar. «Ich versuche nicht, etwas darzustellen. Es hat vielleicht begonnen mit einer Art von Automatismus».[1] Allerdings will sie bei den spontanen Formulierungen, die aus der Bewegung der Hand fliessen, das Bewusste nicht ausgeschaltet sehen. Unbewusstes und Bewusstes gehen für sie Hand in Hand. «Für mich ist dann immer wichtiger geworden, dass ich etwas Energetisches an den Zeichnungen erkannt habe. Ich habe aus den entstandenen Zeichnungen immer mehr die ausgewählt, wo ich eine Energie gespürt habe, das Erkennen eines Zustandes, der nicht über das Auge als Erzählendes lief, sondern unerklärlicherweise einfach da ist.» Solche Energien treten in den Blättern als nicht objektgebundene, kreisende Bewegungen, Knäuel und Ausstrahlungen in Erscheinung. Die Figurationen, die der fast ohne Gewicht über das Papier huschende Tuschepinsel entstehen lässt, leben aus der Spannung zwischen Konzentration und Ausfliessenlassen, zwischen nach innen gerichteter Bewegung und zentrifugal nach aussen strömenden Kräften.

Immer sind es lineare Gebilde, die in ihrer Durchsichtigkeit schwerelos erscheinen. Verstärkt wird diese Wirkung dadurch, dass die Figuren keine Standfläche haben und auch nicht auf die Blattränder bezogen sind, sondern in der leeren Fläche schweben und jederzeit zum Davonfliegen bereit zu sein scheinen.[2] Seit 1986 werden die Tuschlinien selbst immer transparenter, indem sie trockener aufgetragen werden, und so ist es nur ein folgerichtiger Schritt, wenn Ilona Ruegg seit 1987 mit Bleistift zeichnet, wobei die zarten, mit äusserster Sensibilität geführten Linien fast immaterielle Strukturen umschreiben. Knospenartiges, mit Flügeln Versehenes, senkrecht Aufsteigendes, Schmetterlingshaftes steht neben horizontal Gefaltetem, In-sich-Zusammengelegtem, als ob hier der Ausgangspunkt allen Geschehens läge. Zum ersten Mal ist etwas wie Horizont angedeutet, doch ist dieser bewegt, nicht perspektivisch fixiert.

In zwei Zeichnungen von 1983 sind zwei gegensätzliche Haltungen verkörpert. In der einen beugt sich die Figur frei und gelöst in einer offenen Kurve des Körpers weit nach hinten und bläst mit ausgestreckten Armen aus sich heraus, was sich dann in leichten Kringeln über ihrem Kopf nach oben ver-

Ohne Titel, 1985. Pinsel in Tusche auf Papier, 23,9 x 31,8 cm

flüchtigt. In dem anderen Blatt schliesst sich die Figur mit der nach innen gehenden Kurve des Körpers in sich ein und hält das kugelige Gebilde mit beiden Armen so fest, als ob sie es beschützen müsste. Offenheit und Geschlossenheit, Loslassen und Festhalten, die sich in diesen Figuren gegenüberstehen, scheinen mir zwei wichtige Pole für Ilona Rueggs Empfindungswelt zu sein. Solche Blätter charakterisiert sie einmal als «figurative Beschreibung eines Zustandes».

Eine Zeichnung von 1985 frappiert dadurch, dass die Öffnungen des Kopfes – Augen, Ohren und Mund – mit schwarzen Pfropfen zugestopft sind. Blind, taub und stumm? «Es ist eigentlich eine Blindheit, die ganz wichtig ist, die im Grunde schon sehend ist», meint Ilona Ruegg dazu. Das Gegenteil wird in einer Zeichnung von 1986 angedeutet: hier bekommt der Kopf zusätzliche Öffnungen, und die Organe des Sehens und Hörens werden durch trichterartige Instrumente verlängert. Verschiedene Arbeiten von 1984/85 thematisieren ebenfalls diese Verlängerung der Organe.[3] In anderen Blättern von 1986 vervielfältigen sich die Köpfe, oder ein Kopf wird von einem riesigen weichen Ohrentrichter begleitet. All diese «Bilder» visualisieren das Verlangen, von unserem normativen Sehen wegzukommen und eine Erweiterung unserer Wahrnehmungsfähigkeit zu gewinnen. Was heute in Ilona Rueggs Arbeiten geschieht, sieht sie immer mehr als «eine Annäherung an das, wie ich *wirklich* sehe.»

Damit in Zusammenhang steht auch die neue Räumlichkeit in ihren Zeichnungen, in denen sich Innen- und Aussenansichten ineinander verschränken und verschiedene Richtungen und Blickwinkel gleichzeitig erscheinen. Die Künstlerin beschreibt dabei nicht feste Gegenstände, sondern ist bestrebt, «dem ungeheuren, geformten Gegenraum, dem Leerraum», den jeder Gegenstand um sich herum hat, mehr Gewicht zu geben und deren gegenseitige Durchdringung mitzugestalten. Aus dem Misstrauen gegen fixierte Vorstellungen und übernommene Sehweisen entwickelt Ilona Ruegg eine Formensprache, die durch ihre Offenheit in der Lage ist, neue Erfahrungen zu formulieren. Dabei erzielt sie einen Abstraktionsgrad, «wo diese abstrakte Ebene dann eigentlich die Wirklichkeit ist, obwohl es sich um einen erkennbaren Gegenstand handelt.» Es ist der von seiner fixierten, von der Kultur ihm zugeschriebenen Bedeutung losgelöste Gegenstand, den wir dadurch neu zu sehen vermögen.

Ursula Perucchi

Ohne Titel, 1986. Tusche auf Papier

Anmerkungen:

1   Dieses und die folgenden Zitate sind einem Gespräch der Autorin mit Ilona Ruegg vom 15. Mai 1987 entnommen

2   Eine Figur in einer Zeichnung von 1984/85 ist aufschlussreicherweise mit einem «Propeller» auf dem Kopf ausgestattet (vergleiche Ilona Ruegg, *Locus Tremulus* – Roma 1985, letzte Abbildung)

3   Vergleiche Ilona Ruegg, *Locus Tremulus* – Roma 1985

Ohne Titel, 1987. Bleistift auf Papier, 25 x 35,2 cm. Kunsthaus Zürich

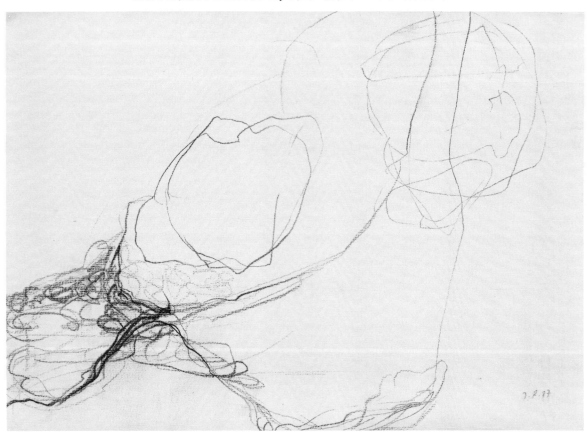
Ohne Titel, 1987. Bleistift auf Papier, 25 x 35,2 cm

...und da sind wir die Suchenden, diese elenden, weil Wahrnehmung sich schon zu ändern beginnt bevor der Mensch es zu erfassen vermag. Von dieser Gesetzmässigkeit her empfinde ich Kunst als notwendig, wertvoll wie Du sagst. Und von da her verstehe ich die heutige Verwirrung in der Kunstszene als ein Zeichen dieser Suche. Wir haben das Glück, in einer Zeit zu leben, zu denken, zu arbeiten, wo wir uns nicht auf einer Sichtweise ausruhen können; zum Teil empfinde ich mein Suchen als blindes Sehen...

Ilona Ruegg

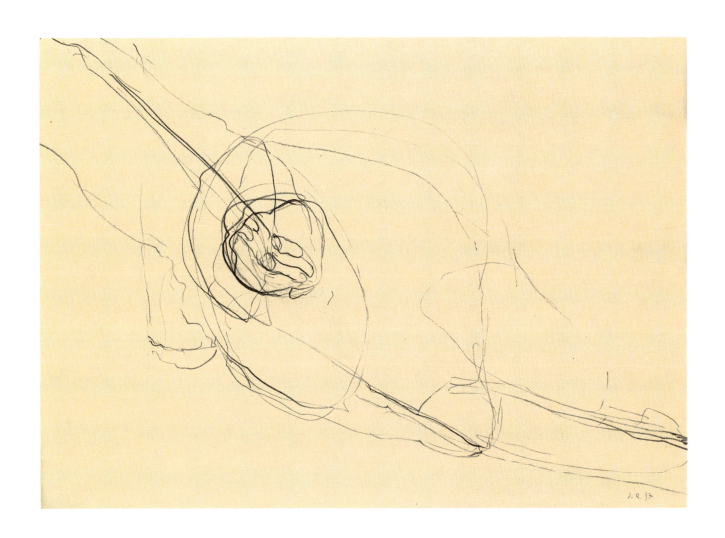

Ohne Titel, 1987. Bleistift auf Papier, 35 x 50 cm

Ilona Ruegg

geboren am 23. Februar 1949 in Rapperswil
1970–1972
Arts Plastiques, Paris
1973
Marrakesch
1974–1977
Zürich
1978–1980
Wien, Hochschule für angewandte Kunst
1981–1984
Bern
1984
Bellevue, Mitarbeit beim Gast-Gastgeberprojekt, Kocherspital Bern (Dokumentation); Louise-Aeschlimann-Stipendium
1984/85
Istituto Svizzero, Rom
1985/1986/1987
Eidgenössisches Stipendium
1987
Prix Barclay

lebt in Rom

Einzelausstellungen

1984
Berner Galerie
1985
Galerie Erika+Otto Friedrich, Bern; *Interferenzen,* Galerie Hartmann (mit Dieter Seibt); Idraduarte, Neapel
1986
Salto mortale, Galerie Rivolta, Lausanne
1987
Galerie Erika+Otto Friedrich, Bern

Gruppenausstellungen

1982
Stoffwechsel «K 18», Kassel; *9. Berner Kunstausstellung,* Kunsthalle Bern (Kat.)
1983
anstatt, Kocherspital Bern
1985
3. Internationale Triennale der Zeichnung, Nürnberg (Kat.)

Eigene Publikationen

Locus Tremulus – Roma 1985, Rom: Istituto Svizzero, 1985 (Artisti dell'Istituto Svizzero di Roma, Collectanea 6, 1984/85)

CHRISTOPH RÜTIMANN

geboren 1955 in Zürich, lebt in Luzern

Eine Aufführung mit zwei Kakteen, 1987.
Foto zur gleichnamigen Performance

VOM FLIEGEN AUF ALLEN VIEREN

Zu Christoph Rütimann

Das Konzert, eine im Sommer 1986 erstmals aufgeführte Arbeit von Christoph Rütimann, besteht aus einem aufwendigen Aufbau von Wänden und Röhren und allerhand Apparaten inmitten eines Gewirrs von Schläuchen und Kabeln. Es handelt sich um eine Installation mit starker visueller Wirkung, doch das skulpturale Bild vollendet sich erst dann, wenn der Künstler die Sache in Schwingung versetzt und als Instrument zum Klingen bringt. Es offenbart sich hier der dynamische Aspekt von Rütimanns Schaffen, der in seinem Werk die verschiedensten Formen annehmen kann, im wesentlichen aber eine prozesshafte Sicht der Dinge spiegelt. Das Bild gerät in Bewegung, die Bewegung wird Klang und der Klang verliert sich im Bild.

Rütimann versteht seine Kunst als offenen Experimentierraum, der ihm Versuche auf allen möglichen Gebieten erlaubt. Es geht ihm in diesem Sinne nicht primär um kunstimmanente Problemstellungen, so konzeptionell seine Arbeiten sich zuweilen ausnehmen mögen, sondern um jenes Feld der Erfahrung, auf dem die Widersprüchlichkeiten des täglichen Lebens nebeneinander Platz finden. So reichen die von ihm behandelten oder ins Bild gebrachten Themen von einfachsten Selbsterfahrungen bis zu Fragestellungen von kosmischem Ausmass. Diese Offenheit spiegelt sich in den eingesetzten Arbeitsmethoden und Materialien, denn Rütimann bedient sich verschiedener fotografischer Techniken so selbstverständlich wie er auf gefundene und manipulierte Objekte zurückgreift, er bedient sich klassischer plastischer Methoden so gut wie des Mediums Video, der Zeichnung wie der Performance und der Musik – und es ist nur sein souveräner handwerklicher Umgang mit Techniken und Materialien, die diese eklektische Pluralität der Ideen und Formen nicht in ein nicht nachvollziehbares Chaos ausmünden lassen.

Das Material und der Prozess der Gestaltung werden zu einer eigentlichen Herausforderung, die nicht nur Auswirkungen auf die ursprünglich geplante Form zeitigt, sondern auch auf die Konturen der Idee einwirkt. Die Aufwendigkeit von Rütimanns Installationen, die zumeist an die Grenzen des in der gegebenen Situation Machbaren stossen (gemeint sind nicht nur die technischen, sondern auch die finanziellen und räumlichen Arbeitsmöglichkeiten), macht deutlich, dass diese Art von Herausforderung ein wesentlicher Aspekt seiner Arbeitsmethode darstellt. Die Arbeitsbedingungen und die spezifischen Eigenschaften der verwendeten Materialien müssen bis zu einem gewissen Grad mit den Ansprüchen des Konzepts in Konflikt geraten und auf den Punkt gebracht werden, an dem sich die Lösung in einem intuitiven Akt, in einer Art von praktiziertem Leben gleichsam von selbst ergibt. Es ist eine Art von präziser Spontaneität, die hier ins Spiel kommt, deren Mechanismus undurchschaubar ist, deren Wirkungsweise anhand einer kleinen Anekdote immerhin ein bisschen erhellt werden kann. Im Frühling 1983 unternahm Rütimann mit einem Freund einen kleinen Abstecher nach Paris – Anlass war die Vor-

Das Konzert, Festhalle Sempach, 1986. Foto mit Chr. Rütimann

bereitung einer gemeinsamen Ausstellung, aber wohl auch schlicht die Lust, dem hiesigen Grau für ein paar Tage zu entrinnen, und sie erlebten denn auch einen dieser vielbesungenen, überschwenglichen *printemps de Paris*. Doch bei der Durchsicht der für die besagte Ausstellung vorgesehenen Diapositive mit Frühlingsbildern aus Paris zeigte sich, dass auch dort die Farben sehr reduziert waren und das berühmte Grün des Frühlings kaum je sichtbar wurde. So behalf sich Rütimann schliesslich mit einem poetischen Kunstgriff, indem er die Dias aus einem der Ausstellungsräume in die dichte Krone einer Linde projizierte, um so im lebendigen Grün und zarten Gelb des Baumes die Fiktion eines Frühlings in Paris für einen Moment Wirklichkeit werden zu lassen.

Diese Anekdote mag vielleicht etwas vom besonderen Charakter seiner Performances vermitteln. In all den mir bekannten Auftritten Rütimanns dominierte die Bildqualität des Ereignisses den theatralischen Aspekt der Performance, und das Erscheinen des Künstlers auf der Szene oder in der Szenerie des Bildes erschien mir immer wie eine Form von Selbstidentifikation mit seinem bildnerischen Werk. Er pflegt, etwas überspitzt formuliert, gleichsam als der Schöpfer des Bildes aufzutreten, für das er mit seiner Präsenz die Verantwortung zu übernehmen bereit ist. Ein Paradebeispiel dafür war die Performance zur Eröffnung seiner Ausstellung im *Raum für aktuelle Schweizer Kunst* in Luzern (1984), bei der er in kurzen Auftritten seine Rauminstallationen in einer Art von Initiation ihrem eigenen Schicksal überantwortete und sich gleichzeitig auch sehr direkt mit ihnen vermählte – ein Ritual der Trennung, in dem sich eine tiefe Verbundenheit manifestierte. Jeder der vier gestalteten Räume erhielt so eine ganz spezifische Atmosphäre eingeimpft, die rückwirkend der Interpretation des sonst durchaus autonomen «Bildes» eine bestimmte Richtung gab.

Man kann dieses atmosphärische oder stimmungsmässige Moment von Rütimanns Arbeiten sehr wohl als eine Art von Nebenstimme sehen, als eine Art von Klangform des Bildes, wie er sie in seiner Installation *Bonjour Madame* (1984) erstmals konkret in das Werk integriert hat. Da lag eine lange, aufgezogene Leinwand mit der Andeutung eines übereck aus dem Bild rutschenden Goldrahmens auf dem Boden und darüber eine Anlage mit zwölf untereinander verbundenen Kugelpendeln, die, einmal in Schwingung versetzt, eine schöne Sinuskurve über die Leinwand «zeichneten» – es war wie ein feines Streicheln jener imaginierten «Madame», die so wohl nicht mehr gemalt werden konnte. Jedes dieser Pendel enthielt ein Mikrofon, das mit je einem unter der Leinwand verborgenen Recorder korrespondierte, so dass im Rhythmus der Schwingungen höchst bizarre Rückkoppelungsgeräusche entstanden, die wie ein aus der Leere der Leinwand aufsteigender

Das Konzert, Festhalle Sempach, 1986. Installation

Sirenengesang den Raum erfüllten. Eine weitergehende Beschäftigung mit Klängen und Geräuschen führte schliesslich zu eigentlichen «Konzerten» oder «Konzert-Performances», die Rütimann zusammen mit Urs Fischer aufführte; so auch 1985 im Rahmen einer denkwürdigen Eintagesausstellung in einem Krienser Abbruchhaus. Unter dem Titel *riverrun – Wasser in vier Sätzen* erklang in einem Raum im zweiten Stock aus Lautsprechern das Resultat von aktionistischen Machenschaften der beiden Künstler in der Waschküche im Keller des Hauses. Vier «Partitur-Zeichnungen» gaben im wesentlichen die Richtung der zu erzeugenden Klägen vor – kreisende Wasser, fallende Wasser, spritzende Wasser, bildeten aber gleichsam nur den Rahmen des Imaginationsraumes, in dem die wirklichen Bewegungen der «Musiker» sich frei entfalten konnten. Eine Besonderheit dieser Arbeit lag in der bewussten Trennung von Ursache und Wirkung, denn wollte man *riverrun* hören, so konnte man die eigentliche «Performance» nicht sehen – und *vice versa.* Die Trennung der wundersamen «Musik» vom «Bild» ihrer Entstehung mochte vorerst befremdlich wirken, doch bald drängte sich beim Hören unwillkürlich die Vorstellung des gleichzeitigen, vermutlich tollen Treibens in der Waschküche auf, so dass sich ein bewegtes Bild ganz selbstverständlich in den Klang integrierte.

Das Konzert, um wieder darauf zurückzukommen, läuft auf eine erste grosse Synthese der hier angedeuteten Werk-Elemente in Rütimanns Schaffen hinaus. Das Visuelle tritt gleichwertig neben dem akustischen und bewegungsorientierten Element in Erscheinung. Das «Bild» wird zum Instrumentarium oder, anders gesagt, die mächtigen Stahlrohre, die hängenden, dicken Vibrationsbleche, die einer rätselvollen Ordnung folgend gelochten Blechscheiben, die Pendelanlage, die Gasflaschen und die vielen elektrischen und pneumatischen Zuleitungen fügen sich zu einer einzigartigen skulpturalen Installation, deren Erscheinung selbst schon auf den in ihr verborgenen Klang verweist: das «Bild» ist seine eigene «Partitur». Es geht hier nicht um eine «Geräuschmaschine» im futuristischen Sinne, sondern eher um ein romantisch empfundenes Klanggerät, das natürliche Schwingungen in Empfindungsenergien umsetzt – Orgelklänge und Sirenengeheul, durchdrungen und unterlegt mit differenziertem elektronischem Gezirpe und moduliertem Rauschen. Doch so sehr das *Konzert* einen in die höheren Dimensionen des Pathos zu entführen vermag, so wird doch das hehre Gefühl immer wieder und sehr bestimmt auf jene für Christoph Rütimanns Schaffen so charakteristische Ebene zurückgeführt, wo das Fliegen dem Stürzen gleicht – bodennah, aber abgehoben, wo wie im *univers des pommes de terre* die Kartoffeln zu Sternen werden.

Max Wechsler

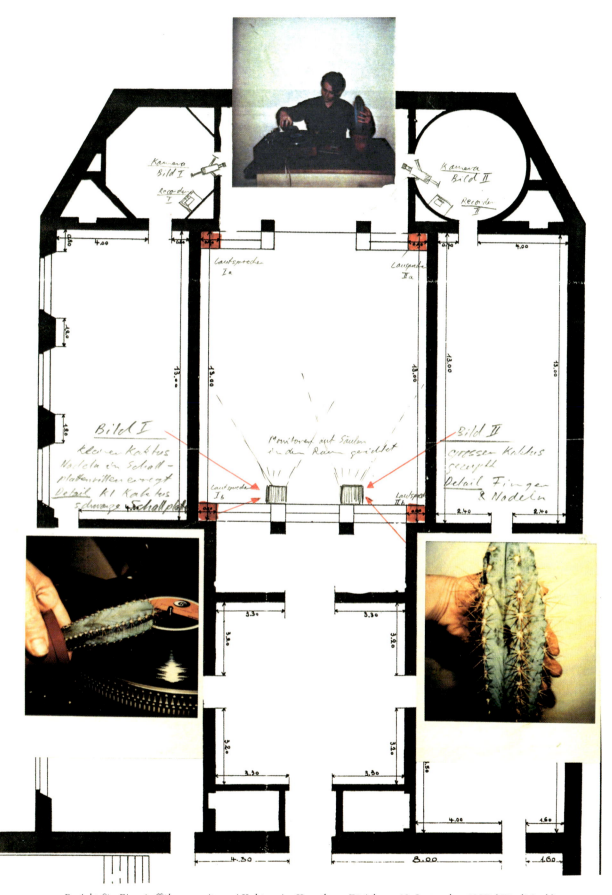

Projekt für *Eine Aufführung mit zwei Kakteen* im Kunsthaus Zürich am 10. September 1987 («Füssli-Saal»).
Farb-Fotokopie, 42 x 29,7 cm

Christoph Rütimann

geboren am 20. Mai 1955 in Zürich
aufgewachsen in Schiers/GR
1976
Primarlehrerpatent
1976–1980
Kunstgewerbeschule Luzern, Vorkurs und Zeichenlehrerausbildung
1981
Preis der Presse anlässlich der Weihnachtsausstellung im Kunstmuseum Luzern

lebt in Luzern

Einzelausstellungen

1982
Galerie auf Zeit, Luzern; Kulturfabrik Wetzikon
1984/1987
Raum für aktuelle Schweizer Kunst, Luzern

Gruppenausstellungen

1979
Kunst auf dem Wasser, Zug (Kat.)
1981
Prospekt 81. Junge Schweizer Künstler, Galerie im Rägeboge, Luzern (Kat.)
1982
Hasena, Zürich
1983
Prospekt 83, Raum für Aktuelle Schweizer Kunst, Luzern
1984
Kornschütte, Luzern; Galerieraum 104, Zürich
1985
Raum für Aktuelle Schweizer Kunst Luzern zeigt Künstler aus Luzern, Shedhalle, Rote Fabrik, Zürich (Kat.)
1986
Auf dem Rücken des Tigers, Shedhalle, Rote Fabrik, Zürich (Kat.)
1987
Kamerabeute Blickfang, Gemeindegalerie, Emmen; *Offenes Ende – Junge Schweizer Kunst,* Nürnberg/Erlangen (Kat.); *Blick in die Innerschweiz. 17 Künstler,* Kulturzentrum Kammgarn/Galerie Stadthausgasse, Schaffhausen (Kat.)

Performances

1983
Natura morta in pezzi, Performance-Festival, Liestal; *Ganz in der Nähe,* 15.15, Luzern (mit Stefan Wittmer); *Performance mit Motorsäge,* Krienser Filmtage, Kriens
1984
A priori i migliori vibratori, Einhorn, Basel (mit Urs Fischer)
1985
Suoni sottoterranei, Viper, Luzern (mit Urs Fischer)
1986
Das Konzert, Zeitgenössische Kunst in Sempach; *Aufführung mit präpariertem Kaktus,* Kunsthalle Basel
1987
Eine Aufführung mit zwei Kakteen, Städtische Galerie, Erlangen

Video

1982
Feuer und Spirale, Krienser Filmtage

Bibliographie

MAX WECHSLER, *Kunst als eine Form praktizierten Lebens,* in: Vaterland, Nr. 200, 30. August 1986, S. 37.

KLAUDIA SCHIFFERLE

geboren 1955 in Zürich, lebt in Zürich

SCHLAFPHASEN

Die Erforschung seelischer Zustände, in den kleineren Zeichnungen zu Lebewesen zusammengeballt und verdichtet, gewinnt in der grossformatigen Graphitzeichnung «Schlafphasen» eine epische Dimension. Das innere Erleben entfaltet sich vor unseren Augen als vielschichtiger Ablauf. Das Einschlafen fliesst als mächtig ziehender Strom durch Räume, die sich ihrerseits der Bewegung fügen. Es sind Bewusstseinsräume, Wirklichkeiten, in denen sich der Einschlafende nacheinander befindet, ohne den Übergang wahrgenommen zu haben.

Die am linken Rand einsetzende organische Schlaufe windet sich unter den Eindrücken des Tages, die sich, auf der Netzhaut gesammelt, von dort aus ins Innere projiziert, hier tausendfach spiegeln und brechen, zergliedern und multiplizieren, dann zerfliessen und – vorübergehend – zu scharfsichtiger Klarheit gerinnen. Hundert Gesichter kehren in eines zurück. Ein leuchtendes Augenpaar beobachtet den eigenen Bewusstseinsstrom, schaut von aussen in die Räume, verbindet sie im Zentrum des Bildes, beschaut aus dem zweiseitigen Janusgesicht Vergangenheit und Zukunft. Allmählich beruhigt sich der Körper. Der Raum dehnt sich in die Tiefe, weitet und fächert sich auf zum Bühnenbild und Spiegelkabinett des Schlafes. Rechteckige Felder – Ausblicke ins Weltall – zeigen verdichtete Aspekte des Schlafes, umkreisen sein unfassbares Geheimnis, das letztlich in der Dunkelheit verborgen und geborgen bleibt. Die äussere Wahrnehmung schmälert sich, um sich ganz nach innen zu konzentrieren. Ein dicht in sich verschlungenes Schlaforgan schliesst zehn Augenlieder, atmet aus vielen Mündern, schöpft Kraft aus dem vervielfachten Schlaf und streckt seinen Fühler in die Nacht. Innere Formen wuchern und türmen sich auf, sensibelste Empfänger für irdische und kosmische Schwingungen, Instrumente intuitiver Erkenntnis. Die Glieder der Schlafenden drehen sich wie Gestirne um die Achsen des Körpers, nehmen neue Anordnungen ein, unten und oben vertauschen ihre Rollen, die Wirklichkeit verdreht sich, ihre Teile setzen sich anders und neu zusammen. Aus einem kugelförmigen, organischen Behälter im Vordergrund fliesst ein Strom aus feinen, sanft wellenden, nervenartigen Linien über die Stufen der einzelnen Felder in die Tiefe.

Monica de Cardenas

Schlafphasen, 1985/86. Graphit auf Papier, 150 x 270 cm. Privatsammlung Zürich

NACHTANSICHTEN

Im weiten Raum einer violett leuchtenden, ausserirdischen Dämmerung betrachtet ein Gesicht das aus seinem Körper wachsende, silbrig schimmernde Felsgebirge. Seit der Prähistorie wachsend, birgt es versteinerte Spuren und Überreste, aber auch in ihr weiterlebende Tiere und Pflanzen. Vulkanische, zentrifugale Aktivitäten im Innern und fortwährende Gesteinsbildung stossen Stalaktiten, spitzige Flammen und schmunzelnde Gesteinsgeister in den Himmel. Zartes Geäst knistert in den Gletscherspalten. Die Lichtverhältnisse treiben unsere Augen zur tastenden, suchenden Fortbewegung an, zur Bewegung um das körperhafte Gebilde herum, das, als wäre es eine Skulptur, von jeder Seite her neue Ansichten erschliesst.

In anderen Zeichnungen verdichtet sich die Dunkelheit zur kompakten schwarzen Raummaterie – Urgrund und Himmel zugleich – die weite Teile des Geschehens vor unseren Augen verbirgt, die Präsenz von – noch? – Unsichtbarem aber deutlich spüren lässt. Jäh einfallende Lichtstrahlen sprengen die Dunkelheit und gewähren uns flüchtig zu erhaschende Einblicke in geheimnisumwitterte Vorgänge, entreissen dem Augenblick Wirklichkeiten. Sichtbar werden wachsende Wesen aus Körpersegmenten, lebhaften Organen, im Innern quellend, überallhin gerichtet, verletzlich. Plötzlich grinst ein Totengesicht, Wirbel rattern, eine gefährliche schwarze Nadel reckt sich. Eine zögernde Bewegung, schmerzliche Aufspaltungen, eine schwungvolle Wendung, ein zudringlicher Blick, sinnliche Lippen, wandernde Finger. Präzise Momentaufnahmen seelischer Zustände verschmelzen zu vitalen und offenen Lebewesen. Mit allen Sinnen wach, erkunden sie ihr vielgesichtiges, wandelbares Sein, in ständiger dynamischer Wechselbeziehung zu sich und zur Welt. Sie widersetzen sich dem rationalen Raum des Papiers. Die Raumdämmerung verflechtet sich mit den Körpern, geht mit ihnen Verbindungen ein, treibt Verwandlungen an. Schatten und Licht kneten, öffnen und schneiden die Formen. Die Dämmerung dehnt sich aus, greift in die Gebilde ein, bedrängt sie, lässt wählerisch Splitter aufblitzen. Das Schwarz ist Tiefe, aus der sich eine Hand streckt, und Hautoberfläche, deren Wunden Zähne haben.

Monica de Cardenas

Ohne Titel, 1987. Diverse Kreiden, Graphit und Aquarell auf Papier, 73 x 102 cm. Elisabeth Kaufmann, Zürich

Etwas in das Sein Gerücktes
lautlos sich Benehmendes
Raum Belassendes
Möglichkeit Berührendes
unendlich zu Form Erschaffendes
entsprungen einem Nu

Klaudia Schifferle

Entarmung, 1987. Diverse Kreiden, Graphit auf Papier, 76,5 x 56 cm. Elisabeth Kaufmann, Zürich

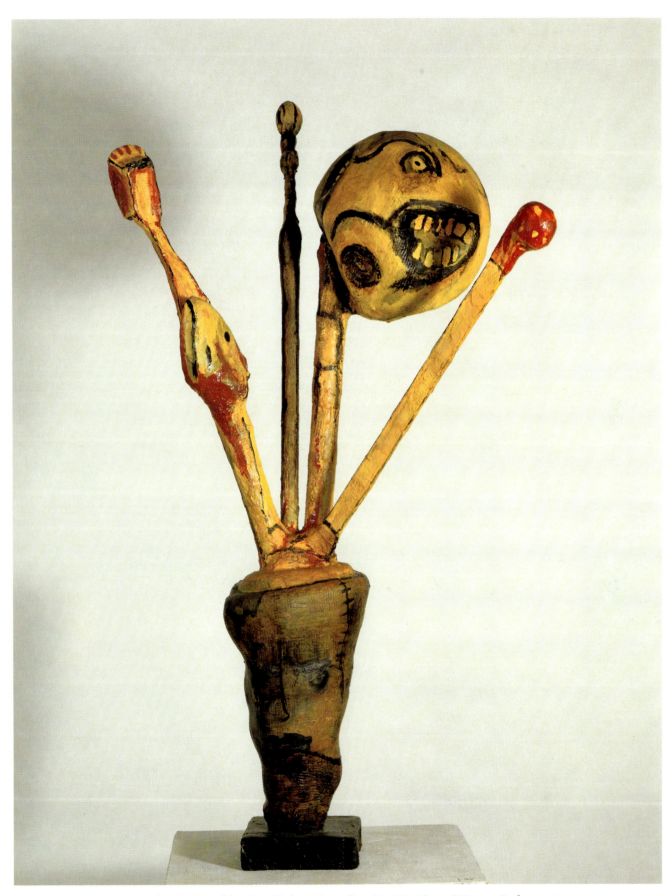

Ohne Titel, 1986/87. Verschiedene Materialien, 85 x 52 x 34 cm. C. Tanner, Teufen

Klaudia Schifferle

geboren am 22. September 1955 in Zürich
Verkaufslehre
1973–1976
F+F, Schule für experimentelle Gestaltung
1975
Stipendium der Stadt Zürich
1977/1980
Förderungsbeiträge des Kuratoriums für die Förderung des kulturellen Lebens des Kantons Aargau
1978–1983
Mitbegründung der Frauenmusikgruppe *Kleenex,* 1980 Neuformation als *Liliput.* Über hundert Konzerte im In- und Ausland. Vier Singles und zwei Langspielplatten bei *Rough Trade,* England
1981
Werkjahr des Kuratoriums für die Förderung des kulturellen Lebens des Kantons Aargau
1982/1983
Kiefer-Hablitzel-Stipendium
1983
Der Hundschwindel von Moskau, Musical in 4 Akten, Theater Stans, Mitwirkung an Idee, Text, Schauspielerin, Entwurf und Ausführung der Bühnenbilder; Preis der Vordemberge-Gildewart-Stiftung, Rapperswil; Preis des Jazz-Festivals Montreux

lebt in Zürich

Einzelausstellungen

1980
12 junge Künstler aus der Schweiz, InK, Zürich
1981
Galerie t'Venster, Rotterdam; Galerie Gugu Ernesto, Köln; Konrad Fischer, Zürich
1982
Toni Gerber, Bern
1983
Galerie Gugu Ernesto, Köln; Galerie d'art contemporain, Basel
1984
Elisabeth Kaufmann, Zürich; Kunsthalle Waaghaus, Winterthur
1985
Halle Sud, Genf; Galerie Gugu Ernesto, Köln; Galerie Brinkman, Amsterdam
1986
Klaudia Schifferle. Bilder und Zeichnungen, Kunstverein München/ Bonner Kunstverein/Aargauer Kunsthaus Aarau (Kat.)
1987
Elisabeth Kaufmann, Zürich

Gruppenausstellungen

1980
Saus und Braus, Städtische Galerie zum Strauhof, Zürich (Kat.)
1981
Bilder, Kunstmuseum Winterthur (Kat.); *Aljofre Barocco,* Siracusa; *30 Künstler aus der Schweiz,* Innsbruck/Frankfurt/Wien; *Phoenix,* Alte Oper, Frankfurt
1982
documenta 7, Kassel (Kat.)
1983
Übersicht: Diese Kunst fördert der Kanton Aargau, Aargauer Kunsthaus (Kat.); *aktuell '83,* Lenbachhaus München (Kat.)
1984
Biennale Sydney; Eröffnungsausstellung Elisabeth Kaufmann, Zürich; *Treppen,* Galerie Gugu Ernesto, Köln (Kat.)
1985
Plastik und Zeichnung, Elisabeth Kaufmann, Zürich; *Jeunes Zurichois,* Musée cantonal des Beaux-Arts, Lausanne (Kat.); 8 Schweizer im Living Art Museum, Reykjavík, Island

1986
Auf dem Rücken des Tigers, Shedhalle, Rote Fabrik, Zürich (Kat.)
1987
tekenen 87, Museum Boymans-van Beuningen/Centrum Beeldende Kunst/Rotterdamse Kunststichting, Rotterdam (Kat.); *Skulpturen von Malern,* Mannheimer Kunstverein

Eigene Publikationen

Um des Reimes Willen/Könnt' ich einen killen, Zürich: Eigenverlag, 1979
Allüren, Roman, Zürich: Nachbar der Welt Verlag, 1984
Zeichnungen, Köln: Galerie Gugu Ernesto, 1985

Bibliographie

KASPAR KIEFER, *Klaudia Schifferle,* in: Noema Art Magazine 4, Nr. 12–13/1987, S. 82–83.
ANNELIE POHLEN, *Wo Raum und Leben eins werden mit dem Selbst,* in: Kat. München/Bonn/Aarau 1986.
Ausführliche Bibliographie im Kat. München/Bonn/Aarau 1986

ANSELM STALDER

geboren 1956 in Magden/AG, lebt in Basel und Mailand

„VATER", „MUTTER", "TOCHTER", „SOHN"

Bezeichnungen wie Skulptur oder Plastik sind tauglich, treffen aber das Charakteristische der Gestaltungen, um die es hier geht, nicht genau, weder in bezug auf den Prozess der Entstehung noch auf das endgültige Erscheinungsbild. Streng genommen sind «Vater», «Mutter», «Tochter» und «Sohn» Konstruktionen, die dazu dienen, plastische Elemente zu tragen, zu halten; es sind Montagen von Konstruktion und plastisch aufgebauten Erweiterungen oder Umhüllungen, verkleidete Gestelle, könnte man auch sagen. Nun ist natürlich jede konventionelle Gipsplastik gewissermassen ein Gestell – eine Armatur – mit Verkleidung; nur ist es bei Anselm Stalder so, dass dieses Gestell nicht verschwindet, sondern als integrativer Teil der Gestaltung sichtbar bleibt und derart nicht nur tragende Funktion behält, sondern selbst zum Träger von Bedeutung wird. Vom Prozess der Entstehung her gesehen, liegt es nahe, diese heterogenen Gebilde aus konstruktiven und plastischen Elementen mit bestimmten Dingen des alltäglichen Lebens zu vergleichen (und weniger mit Beispielen aus der Kunst), etwa mit einer Ständerlampe oder einer Rotlichtkamera, einem zusammengeklappten Sonnenschirm oder einem runden Tisch mit fast bis zum Boden reichendem Tischtuch, mit einer Vogelscheuche, oder auch mit einem jener gliederlosen Mannequins, wie sie ein Schneider für seine Arbeit benutzt.

«Vater», «Mutter», «Tochter» und «Sohn» entstanden im Zusammenhang mit einer ganzen Reihe plastischer Arbeiten, die Stalder 1985 für seine grosse Einzelausstellung in Duisburg konzipierte. Geplant war ursprünglich eine Gruppe von vier einer Kamera ähnlichen Kästen, die von unterschiedlich hohen Ständern herab das Geschehen der Ausstellung beobachtet, beziehungsweise überwacht und – so geht aus einer entsprechenden Zeichnung von 1984 hervor – ihre Information virtuell zu einem daneben am Boden liegenden «Empfangsgerät» weitergeleitet hätten.

Plastische Realitäten blieben aber vorerst (und für längere Zeit) nur die Ständer der «Kameras», verzinkte Metallrohre, verschweisst mit einer flachen, kreisrunden Standfläche, geliefert von einem Schlosser, der sie nach Stalders Angaben angefertigt hatte. Von seinem ursprünglichen Konzept abweichend entwickelte Stalder in der Folge aus der Vorgabe dieser «reinen» Gestelle heraus eine Gruppe von vier individualisierten Kopf-Leib-Gebilden, die man – nun vom Erscheinungsbild her gesehen – als Figuren empfindet. Es sind Gestaltungen aus Körpermasse und Körpergestell, deren Ganzheit *vor* den Teilen wahrgenommen wird, weil die Teile konkret *und* auf der Ebene ihrer möglichen Bedeutungen zueinander gehörig, ja ineinander verhängt erscheinen, und dies nicht so sehr in einer auf den Menschen verweisenden Art – was naheliegend schiene – sondern eher so, wie es sich zwischen den Teilen und dem Ganzen eines Sonnenschirms verhält oder bei den anderen von mir erwähnten Dingen. Absichtlich zielen meine Vergleiche auf die Wahrnehmung dieser bestimmten Gegenstände und nicht auf die Art und Weise, wie man menschliche Figuren als Ganzheiten

Der Sohn, Die Mutter, Der Vater

wahrnimmt, denn in dieser Stalderschen «Familie» ist keine wirklich ganze menschliche Gestalt zu finden. Das Suchen nach oder das imaginäre Vervollständigen einer solchen Gestalt oder auch nur der Versuch, die teilweise anthropomorphe Anordnung ihrer Teile zu Ende zu denken, ist zwar sicher die naheliegendste Art und Weise, sich dieser Familie zu nähern, und sie führt auch, initiiert durch den vertrauten Wortklang der Titel, schnell zu einer Fülle von assoziativen Möglichkeiten der Interpretation. Allerdings führt diese Annäherung auch genauso schnell zum Schock einer Befremdung, wenn man, die Vorstellung des Menschlichen vor Augen, in diesen Figuren das Fremde als monströs empfindet, was zur Distanz zwingt, und dies in einer Intensität, die, wie ich glaube, ein Verstehen der Werke erschweren könnte, vielleicht weil dieser Weg des Sehens und Empfindens dem gegenständlichen Vorgehen, ja dem gegenständlichen Bewusstsein des Plastikers Anselm Stalder nicht ganz entspricht. Die Figuren der «Familie» verwandeln sich derart zu schnell und zu ausschliesslich in etwas, was sie höchstens *auch* sein könnten, und kommen in Gefahr, in dieser ebenso verführerischen wie reduktiven Deutung zu verharren. Die «Mutter» *bleibt* dann die Mutter als alles und ihr eigenes in sich verschlingende Leibkugel, der «Vater» der Schirmherr von abgeschirmter und halb-durchschaubar-trauriger Gestalt, die «Tochter» ein klein- und rosaköpfiges, reizvoll poliertes High-Tech-Geschöpf mit exzentrisch, aber stabil um sich selbst kreisender Eleganz und der «Sohn» ein planetarisches Kopfwesen, das prekär und nicht ohne Verzweiflung auf der eigenen Nase balanciert. Der am Ausgangspunkt solcher Betrachtungen stehende Vergleich mit einem spekulativ Menschlichen dieser Figuren lässt deren Gegenständlichkeit an sich als ein nur noch sekundäres Phänomen bestehen und entzieht ihnen Realität. Was dominiert, ist die einladende Weite einer für die Rezeption von Stalders Arbeiten beispielhaften interpretativen Sackgasse. Denn dieser Vergleich dürfte gerade nicht am Anfang stehen, sowenig, wie das beim Entstehungsprozess der «Familie» der Fall ist. Da ist am Anfang der Blick auf ein spezifisches Gerät, das heisst, die erwähnte Zeichnung von vier Kameras auf Stativen, aufgestellte Gegenstände, die man als Beobachter bezeichnen *kann*, um dann diese Funktion in einen menschlichen Bezug zu bringen. Aber das ist nur eine Möglichkeit. Das Menschliche könnte ja noch weiter zurücktreten, hinter das Gerät, in der Person des sich als Kameramann denkenden Betrachters. Was bei dieser ersten Zeichnung selbstverständlich scheint, erscheint mir für die Figuren notwendig, nämlich, diese zuallererst gemäss ihrer Gegenständlichkeit zu identifizieren.

Oder zurück zu den alltäglichen Beispielen: Die gliederlose, auf einem «Bein» aufgespiesste Schneiderbüste hat nichts Monströses, solange man an die Arbeit des Schneiders denkt; wie bei der Kamera liegt auch hier der Bezug zum Menschlichen nicht so sehr in der Gestalt der Büste selbst, sondern um sie herum, im Umgang, den der Schneider mit ihr pflegt. Etwas

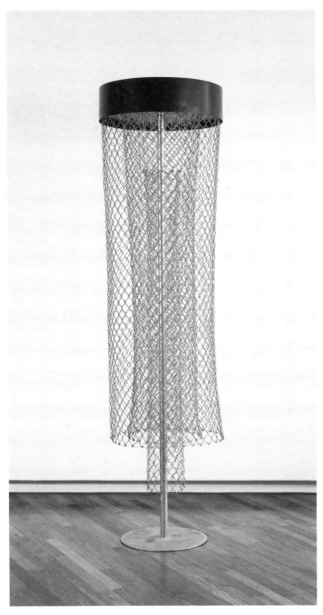

Der Vater, 1985. Holz, Stahl, Zinkdrahtgeflecht, 270 x 70 cm.
Elisabeth Kaufmann, Zürich

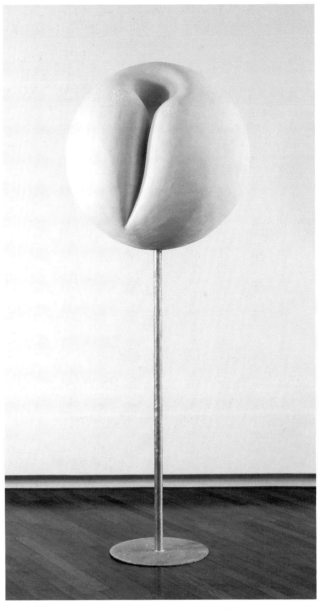

Die Mutter, 1985. Stahlrohr, Gips, Styropor, 260 x 100 x 100 cm.
Elisabeth Kaufmann, Zürich

ähnliches gilt für die Vogelscheuche, – auch diese ein verkleidetes Gestell auf einem Bein –, bei der das wahre Erschrecken, das dem vermeintlich Menschlichen an ihr gilt, nur solange anhält, bis das Gegenständliche und seine Funktion erkannt wird (auch dann erschrickt man vielleicht noch, aber nicht mehr vor dem gleichen).

Die Gegenständlichkeit der «Familie» zu identifizieren würde etwa bedeuten, das vom Schirm des «Vaters» hängende Drahtgeflecht nicht gleich als ein Kleid zu sehen und dann als ein Kettenhemd usw., sondern als das, was es ist: drei im Innern einer nach unten geöffneten Schale angebrachte, blaugrau glitzernde Drahtgeflechtzylinder. Das klingt noch banaler als bei der Schneiderpuppe, ist aber schwieriger zu lösen und erst ein kleiner Teil der Wahrheit, aber vielleicht gelangt man von hier aus eben zu ganz anderen Bildern, zum Beispiel zu der elementaren Vorstellung einer Schale, die sich entleert in herunterfallenden Wasservorhängen. Vergleicht man dann dieses «Bild» mit einer Zeichnung Stalders aus dem Jahre 1980, wo ein Mann, über Kopf und Füsse einen Eimer gestülpt nach hinten taumelt, wobei ihm etwas über den Rücken fliesst, so ist man zwar wieder bei einem menschlichen Bezug angelangt, allerdings bei einem ganz neuen, der die Interpretation der Figur in eine radikal andere Richtung öffnet.

Das ist mit dem «gegenständlichen Bewusstsein» gemeint. Im Laufe solcher Identifikationsversuche sollte zu erkennen sein, welches Gewicht dieser Künstler auf den genauen Umgang mit seiner Gegenständlichkeit legt, und ebenso, wie er mit seiner Vor-

Die Tochter, 1985. Zinktitanblech, Styropor, Stahl, Moltofill. 260 x 90 x 90 cm. Elisabeth Kaufmann, Zürich

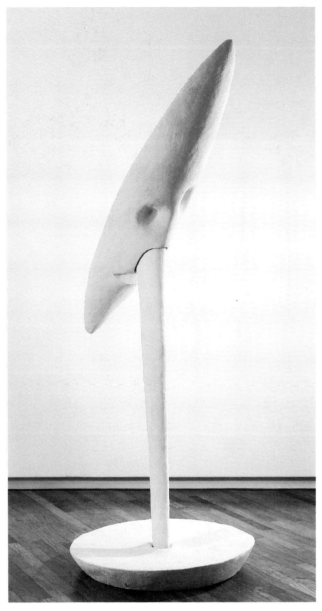

Der Sohn, 1985. Stahl, Holz, Gips, 270 x 100 x 170 cm. Elisabeth Kaufmann, Zürich

stellung von «Figur» umgeht, beziehungsweise mit der sich deformierenden Gegenständlichkeit und den Regeln der Defiguration. Das ist mit dem «gegenständlichen Bewusstsein» gemeint; was sich hier im speziellen auf den Plastiker Stalder von 1985 bezieht, verweist also über die plastische Arbeit hinaus auf die vor allem 1986 sich intensivierende Entwicklung Stalders zum Ölmaler und Aquarellisten.

Vielleicht kündigt sich aber die malerische «Befreiung», als die man jene neueste Entwicklung des Künstlers bezeichnen müsste, bereits in den Gestalten der Familie an – falls man der scheinbar banalen Identifikation einige spekulative Gedanken anfügt. Da wird es denkbar, die «Mutter» als eine Darstellung ungerichtet organischer Expansion (von innen nach aussen) einer Masse *und* eines plastischen Volumens schlechthin zu sehen, oder den «Vater» als die erlösende, wenn auch statifizierte Freiwerdung flüssiger Energie und Massen-Potentiale. Es ist möglich, den «Sohn» und die «Tochter» als zwei kategoriale Existenzformen dessen zu sehen, der mit solchen plastischen Vorgängen umgeht, oder ebenso als zwei verschiedene Produkte plastischen Tuns: Die «Tochter» wäre das locker präzise Spiel, das abgezirkelte elegante Tanzen um die eigene Achse mit sicher abgestütztem Standbein, und der «Sohn» hätte etwas mit dem schwebend Luftigen zu tun, das in der Kunst nur mit akrobatischer Mühseligkeit erreicht wird. Doch möchte ich hier einhalten und diese, dem Künstler spürbar am nächsten stehende Figur der «Familie» der Imaginationskraft des Betrachtens überlassen.

Patrick Frey

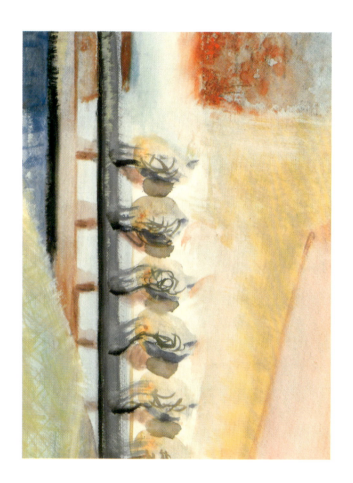

Wirbelsäule, 1986. Aquarell auf Papier, 31,8 x 23,8 cm

Ziehharmonikaspieler, 1986. Aquarell auf Papier, 31,8 x 23,8 cm

Anselm Stalder

geboren am 3. Januar 1956 in Magden/AG
1976/77
zwei Semester Studium an der Universität Basel (Kunstgeschichte, Ethnologie, Philosophie)
1977
Werkjahr des Kuratoriums für die Förderung des kulturellen Lebens des Kantons Aargau
1977/78
Rom-Aufenthalt
1978
Förderungsbeitrag des Kuratoriums für die Förderung des kulturellen Lebens des Kantons Aargau
1979
Paris-Aufenthalt
1986
Preis der Stiftung für graphische Kunst in der Schweiz

lebt in Basel und Mailand

Einzelausstellungen

1977
Die erste Ausstellung, Elisabeth Kaufmann, Olten
1979
Die Unsicherheit der Gegenstände, 12 junge Künstler aus der Schweiz, InK, Zürich
1980
Die teilweise Preisgabe der Gegenstände, Studio Cannaviello, Mailand; Centre d'art contemporain, Genf
1981
Il pubblico sarà presente, Kunsthalle Basel (Kat. *Künstler aus Basel,* mit Miriam Cahn, Rut Himmelsbach, Vivian Suter, Hannah Villiger, Alex Silber); *La prova,* Studio Cannaviello, Mailand
1982
Der Bergbau, Kunstmuseum Basel (Kat.); *Das 5. Rad der Trilogie,* Kunsthaus Zürich; *la geografia siciliana,* Kunstmuseum Solothurn (Kat., mit Otto Lehmann und Aldo Solari); *Le tre dimensioni,* Galerie Erika + Otto Friedrich, Bern
1983
«*Der Baumeister und sein Begleiter, der Zauberlehrling*» *(Eine Doppelfigur),* Konrad Fischer, Zürich (Kat.)
1984
Die Rekapitulation der Wachstumsgrenze, van Krimpen, Amsterdam; *Il ricevitore e le 5 gambe del disertore,* Biennale Venedig; *Der Umfang des Fassungsvermögens,* ETH Zürich; *Das Ehepaar und die Mündigkeit der Windfahne,* Galerie Erika + Otto Friedrich, Bern; Studio Cannaviello, Mailand
1985
Das Gestell für einen ganzen Körper und die langsame Wirkung der Gifte, Elisabeth Kaufmann, Zürich; *Der Figurenmagnet und die Flüssigkeit zur Auflösung der Figur,* Wilhelm-Lehmbruck-Museum, Duisburg (Kat.)
1987
Galerie Erika + Otto Friedrich, Bern

Gruppenausstellungen

1981
Bilder, Kunstmuseum Winterthur (Kat.)
1982
Zeichnungen (mit Miriam Cahn und Martin Disler), Konrad Fischer, Zürich
1983
Übersicht: Diese Kunst fördert der Kanton Aargau, Aargauer Kunsthaus Aarau (Kat.)
1985
5 Arbeiten (mit Cahn, Schifferle, Boltanski, Schnyder), Elisabeth Kaufmann, Zürich
1986
Disler/Lüthi/Stalder, Elisabeth Kaufmann, Zürich; *Skulpturen,* Galerie Stampa, Basel; *Swiss Selection,* Galerie Beyeler, Basel (Kat.); *tekenen 87,* Museum Boymans-van Beuningen/Centrum Beeldende Kunst/Rotterdamse Kunststichting, Rotterdam (Kat.); *Offenes Ende – Junge Schweizer Kunst,* Nürnberg/Erlangen (Kat.)

Eigene Publikationen

Kleine Briefträger erhalten die Freundschaft, Zürich: Nachbar der Welt Verlag, 1981.
Der Umfang des Fassungsvermögens, New York: Peter Blum Edition
1984
il fiume delle figurine liquide, Zeichnungen von Anselm Stalder und Fotos von Christoph Kern, Zürich: Nachbar der Welt Verlag, 1987

Bibliographie

AMINE HAASE, *ABC der Empfindungen – Anselm Stalder,* in: Kunst-Bulletin, 1/1985, S. 2–6.
DIETER KOEPPLIN, *Beschreibung einiger Bilder und Zeichnungen von Anselm Stalder, hauptsächlich ikonographisch,* in: Kat. Kunstmuseum Basel 1982.

HANNAH VILLIGER

geboren 1951 in Cham/ZG, lebt in Paris

Ausstellung in der Galerie *Zabriskie*, Paris 1987

GEDULD UND EINSAMKEIT

Ein Raum, zwei sich gegenüberstehende Wände mit dem einen und dem anderen Teil des Werkes von Hannah Villiger, das den Titel Skulptur (1983–1987) trägt. Die Trennung in zwei Teile ist einsichtig. Kälte und Wärme stehen sich gegenüber: Winteraufnahmen vom Balkon ihrer früheren Wohnung am St. Johanns-Platz in Basel und Aufnahmen von Teilen des eigenen Körpers in blassen, rötlichweissen Tönen. Aufnahmen, die mit der Polaroidkamera gemacht und anschliessend auf 125 x 123 cm vergrössert wurden, die jedoch von Beginn an für das Grossformat konzipiert waren.

Am Anfang stehen Geduld und Einsamkeit. Geduld, mit sich und dem Gegenstand der Wahrnehmung umzugehen: Wahrnehmung, die selbst zum Gegenstand der Wahrnehmung wird, die den Gegenstand bis zur schieren Belanglosigkeit auflöst, weil die Entleerung des Blicks mit dessen Konsistenz identisch wird.

Einsamkeit – das ist die Heimatlosigkeit der Sinne in Zeit und Raum. Plötzlich, so scheint es, wird der Gegenstand trotz seiner Auflösung übermächtig, weil er sich von sich selbst gelöst hat, weil er nur noch sinnentleerte Wahrnehmung ist. Genau dann erschrickt man, genau dann wird die Arbeit von Hannah Villiger unerträglich, schmerzt, und eine Art Verzweiflung macht sich in einem breit.

Weshalb Skulptur? Die raumbezogene Form der Präsentation gibt einen Hinweis darauf: die unterkühlte, präzis-symmetrische, einander gegenübergeordnete Darstellung der Fotos, aber auch der Umstand, dass diese Werke, wie alle anderen Arbeiten von Hannah Villiger, eine relativ grosse Betrachtungsdistanz und damit auch den entsprechenden Raum beanspruchen. Es sind Werke, die man nicht aus der Nähe anschaut, die man zwar nicht umschreiten kann, wie dies bei einer Skulptur üblich ist, die einen aber umgeben und die allein schon durch die Trennung in zwei symmetrische Teile, wie dies hier der Fall ist, eine kontinuierliche räumliche Aufmerksamkeit verlangen.

Bis in die frühen achtziger Jahre bezeichnete Hannah Villiger ihre Fotos als Werk, Schwarzweissfotografie, Farbfotografie; danach als Skulptur, wohl der räumlichen Interaktion wegen. – Vielleicht ist es auch gut zu wissen, dass sie eine Ausbildung als Bildhauerin genossen hat und bis in die Mitte der siebziger Jahre als Bildhauerin tätig war.

Für Hannah Villiger trifft zu, was Cesare Pavese über Gertrude Stein geschrieben hat, wenn er «von der körperlichen Loslösung von der Wirklichkeit, aus der sie ihre Inspiration schöpft», spricht.

Jean-Christophe Ammann

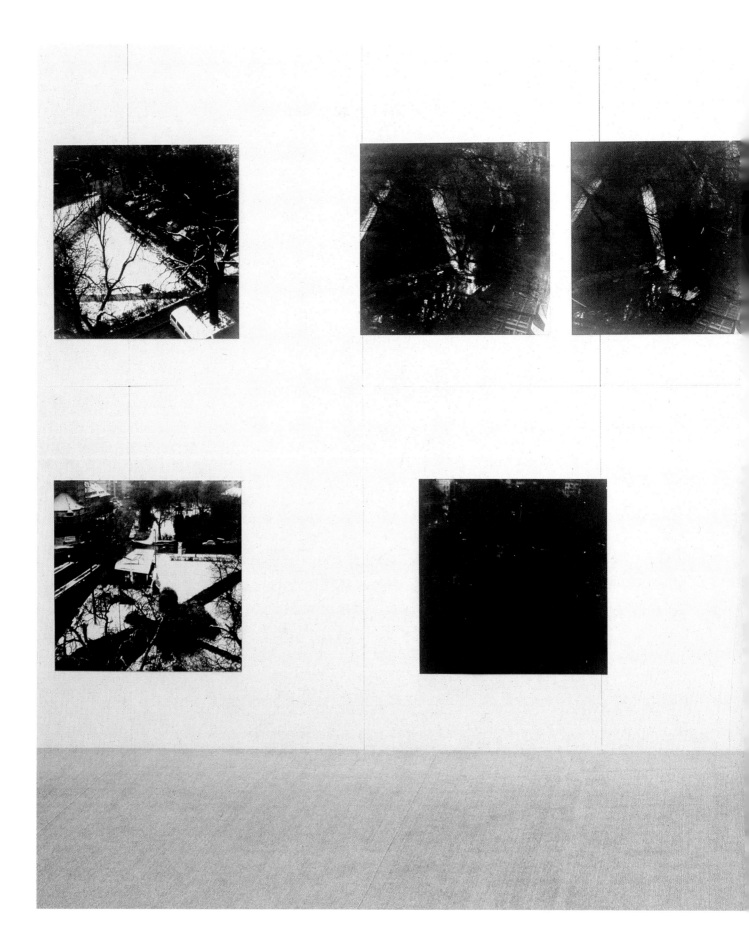

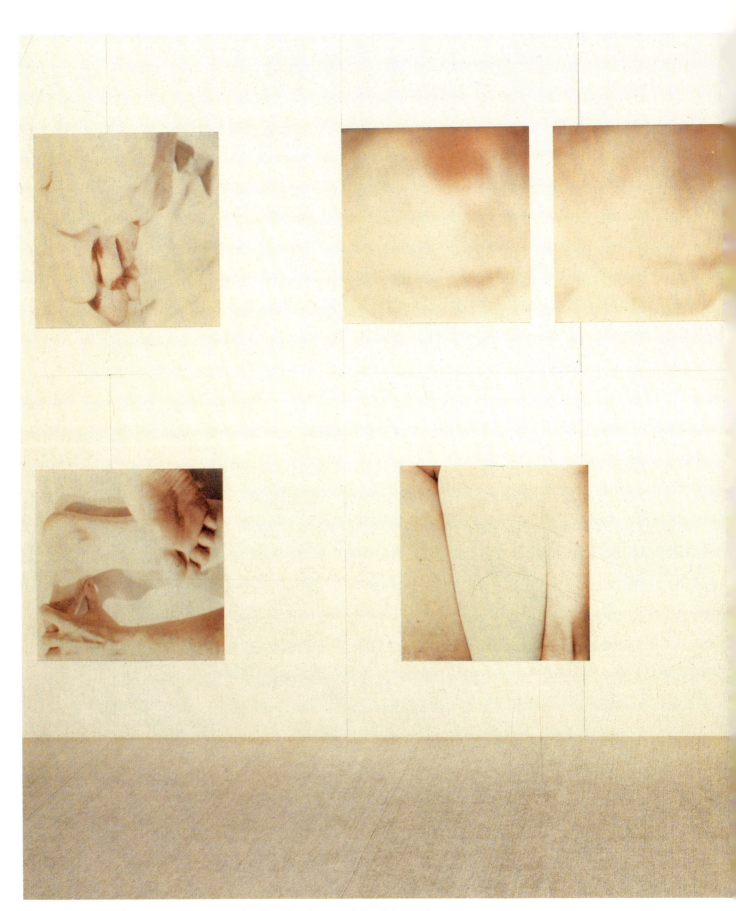

Skulptur 1983–87, Bilder, je 125 x 123 cm, nach Polaroid-Vorlagen, auf Aluminium aufgezogen

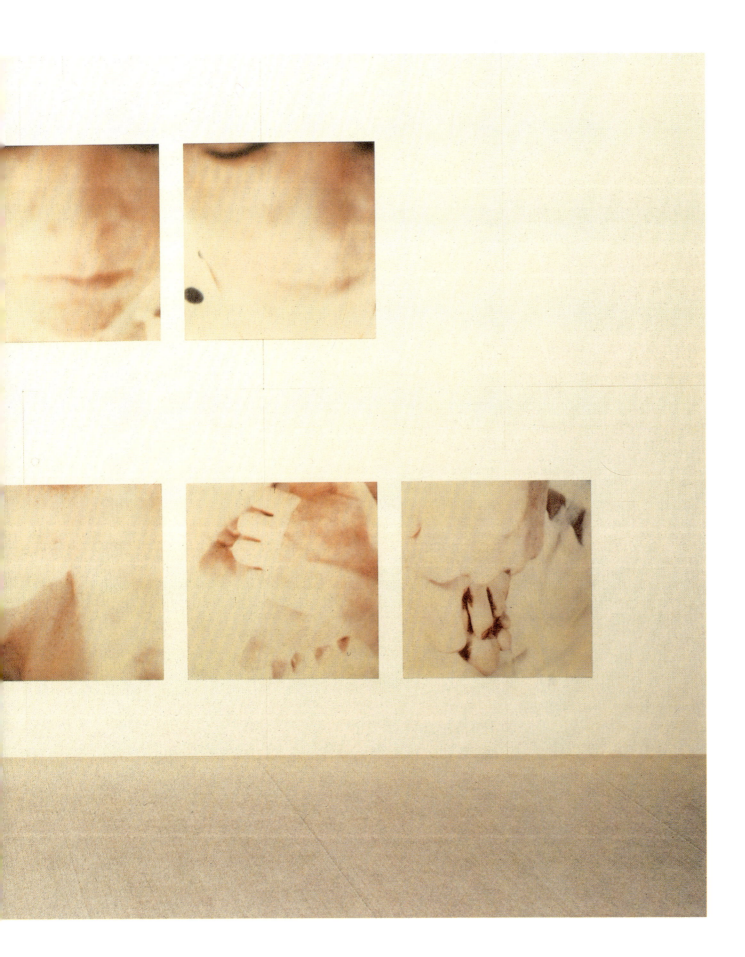

Hannah Villiger

geboren am 9. Dezember 1951 in Cham/ZG

1971
Kunstgewerbeschule Zürich, Vorkurs
1972–1974
Kunstgewerbeschule Luzern (Abteilung *Plastisches Gestalten* bei Anton Egloff)
1974/1980
Eidgenössisches Stipendium
1974–1976
Istituto Svizzero, Rom
1976
Werkjahr des Kuratoriums für die Förderung des kulturellen Lebens des Kantons Aargau
1976/1977/1978
Kiefer-Hablitzel-Stipendium
1977
Preis der Kunstkreis AG, Luzern
1981
Werkbeitrag Kanton Zug

lebt in Paris

Einzelausstellungen

1974
Gallery A-Space, Toronto (mit Jürg Stäuble)
1976
Galerie Milchstrasse, Freiburg i. Br.
1977
Galerie Arte Arena, Dübendorf
1978
Galerie Harlekin Art, Wiesbaden
1979
Galerie Jörg Stummer, Zürich
1982
Hogart Galleries, Sydney
1985
Galerie Susan Wyss, Zürich; Kunsthalle Basel; Galerie Lydia Megert, Bern
1986
Centre Culturel Suisse, Paris
1987
Galerie Zabriskie, Paris; Galerie Susan Wyss, Zürich

Gruppenausstellungen

1976
Tentativo Bevagna, Arte Svizzera in Piazza Silvestri a Bevagna, Bevagna, Italien (Kat.)
1980
Spektrum 80, Galerie im Rägeboge, Luzern; *Kunstmacher 80,* Museum zu Allerheiligen, Schaffhausen (Kat.); *4.1: Jean Pfaff, Heiner Richner, Jürg Stäuble, Hannah Villiger,* Aargauer Kunsthaus Aarau (Kat.)
1981
Künstler aus Basel, Kunsthalle Basel (Kat.); *Aspekte der Jungen Schweizer Kunst,* Regensburg (Kat.); *Hammerausstellung II,* Basel
1983
Übersicht: Diese Kunst fördert der Kanton Aargau, Aargauer Kunsthaus Aarau (Kat.)
1986
Galerie Zabriskie, New York; *Auf dem Rücken des Tigers,* Shedhalle, Rote Fabrik, Zürich (Kat.)
1987
Offenes Ende – Junge Schweizer Kunst, Nürnberg/Erlangen (Kat.); *A Choice,* KunstRAI 87, Amsterdam (Kat.)

Eigene Publikation

Neid, Basel: Kunsthalle Basel, 1985 (mit einem Text von Jean-Christophe Ammann)

Bibliographie

Sei artisti svizzeri a Roma, Rom: Istituto Svizzero, 1975.
JEAN-CHRISTOPHE AMMANN, *Hannah Villiger,* in: Kunst-Bulletin, 2/1986, S. 2–4.
CHRISTIANE MEYER-THOSS, *Hannah Villiger: Sculptress,* in: Parkett, No. 8, 1986, S. 82–90.

FRANZ WANNER

geboren 1956 in Wauwil/LU, lebt in Köln

ERHABEN UND GEMEIN

> Die einzige wahre Quelle der Kunst ist unser Herz, die Sprache eines reinen kindlichen Gemütes. Ein Gebilde, so nicht aus diesem Borne entsprungen, kann nur Künstelei sein.
>
> *Caspar David Friedrich*

> Das Unaussprechbare (das, was mir geheimnisvoll erscheint und ich nicht auszusprechen vermag) gibt vielleicht den Hintergrund, auf dem das, was ich aussprechen konnte, Bedeutung bekommt.
>
> *Ludwig Wittgenstein*

Wenn Malerei heute – wieder – als philosophische Tätigkeit verstanden wird, dann ist damit gemeint, dass Kunst nicht einfach nur Paraphrase oder Illustration ist von wissenschaftlichen Errungenschaften, sondern eigenständig zu epistemischen Ergebnissen gelangen kann (mithin sich selbst als Forschung begreift). Und «Philosophie» wird dabei wörtlich, im umfassenden Sinn begriffen, als Weisheitsliebe. Die Vernunft ist damit nicht einzige Konstituante eines verbindlichen Denkens und die Logik nicht alleinige Sachwalterin des «obersten» Metatextes, der auch die *Wahrnehmung* strukturierte, vielmehr geht es um eine «Vergewisserung», bei deren Versuchen das ganze Wesen des Menschen mitspricht. Heterogene Ordnungen, paradoxe Situationen und ästhetisches Verhalten sind daher selbstverständliche Bausteine und Verfahrensweisen für ein Wissen, das sich im übrigen nicht als feststehendes begreift und nicht als abgesichertes ausweisen kann, sondern unaufhörlich neu begründet sein will. (Ausserdem sind weder Wissenschaftler noch Künstler an einem feststehenden Wissen interessiert.)

Eine Malerei mit diesem nicht unbescheidenen und herausfordernden Anspruch dürfte ihre beiden Hauptanliegen einerseits in der Suche nach den Regeln bildnerischer Gestaltung und anderseits in der Frage des Undarstellbaren wahrnehmen. Das malerische Experimentieren im Sinne eines fortwährenden Hinterfragens der Regeln der Bildnerei erschöpft sich jedoch nicht darin, bloss auf Fragen wie etwa «Was ist Malerei?», «Was macht man da eigentlich, wenn man malt?» oder «Was heisst malen?» antworten zu versuchen. Im Aufstellen und Durchspielen von «Versuchsanordnungen» wird im wesentlichen überprüft, ob und wie weit ein System von Regeln (*wenn* da ein System ist) überhaupt taugt zur Strukturierung des sich stets verändernden Verhältnisses zwischen dem Sensiblen und dem Intelligiblen. Die Malerei sieht ihre Bestimmung darin, die eigenen Grammatiken (als hypothetische Problemlösungen) auf ihre Verbindlichkeit hin bezüglich der bildimmanenten Wechselbeziehung von rein intellektuellen *und* visuellen *und* physischen *und* emotiven Erfahrungen zu testen. Mit anderen Worten, eine in diesem Verständnis sich reflektierende Malerei kann nicht darauf verzichten, in das Verfahren der scheinbar nur «formallogischen» Builduntersuchung (als Bild*gestaltung*) auch das «Gemüt» miteinzubeziehen.

Das Undenkbare zu denken, das Unsagbare zu sagen, das Unvorstellbare vorzustellen, darin liegt die Bemühung der Philosophie. In gleicher Weise bemüht sich die Kunst um die Darstellung des Undarstellbaren, um das Sichtbarmachen des Unsichtbaren. Doch nicht nur die Darstellungsversuche haben sich in der Zeit verändert, gewandelt hat sich ebenso die Idee des Undarstellbaren (die Vernunft-Idee *als* Undarstellbares) selbst. – Wir verfügen heute über keine beispielhaften Fälle mehr, worin sich das Undarstellbare äusserte und die aufzuzeichnen und vorzuzeigen wären; in der heutigen Informationsgesellschaft, im Zeitalter der Sprach- und Zeitproduk-

Ohne Titel, 1984. Acryl auf Leinwand, 200 x 280 cm.
Sammlung Toni Gerber, Bern

tion verfügen wir ebensowenig mehr über feststehende, allgemeingültige Symbole, womit auf das Undarstellbare hinzuweisen wäre, mit dem bedeutet und verstanden werden könnte, dass es sich im Werk um Ideen der Vernunft oder der Einbildungskraft handelt. Das Unsichtbare kann weder im Symbol noch im Sujet repräsentiert werden: das Unvorstellbare (oder der Hinweis darauf) muss im Werk selbst und in jedem Werk wieder erneut *als Bildhandlung* angelegt werden. Das Undarstellbare (oder sein Hinweis) zeigt sich also als *Ereignis der Wahrnehmung*, unter Umständen in der Erfahrung beispielsweise des fruchtbaren Zusammenwirkens eines Gedankens, der sich etwa an einem Bildzeichen oder an einem Bildgegenstand entzündet hat, mit einem emotiven Erlebnismoment und mit einer Bewegung des Körpers, die von der fremdartigen Bildstruktur, der überraschenden Konfrontation von Bildraum und Bild als Gegenstand quasi erzwungen worden sein mag. Das Kunstwerk selbst also wird zum beispielhaften *Ereignisraum* jenes Undarstellbaren (oder, falls die Bildhandlung bzw. das Wahrnehmungsereignis als *Hinweis* auf das Unsichtbare zu lesen ist: das Kunstwerk bietet eine *symbolische* Erfahrung an). Aus der entgegengesetzten Perspektive meint dies, dass die Idee sich in einer epiphanischen Erfahrung zeigt, mittels des Kunstwerks gleichsam als eines Instruments. Dass aber solche Ideen nicht einfach mit einem Wort (oder auch mehreren) und zum vornherein benannt werden können, liegt in ihrer Natur, denn schliesslich sind sie ja Gegenstand der künstlerischen Forschung und werden darin erst erzeugt. Und das Problem dieser Forschung ist ja nicht nur, wie das Undarstellbare trotzdem gefasst werden kann, ihre Aufgabe besteht auch darin, gleichzeitig dieses Absolute, Unendliche und Unbedingte als Undarstellbares zu verlagern, die Vorstellung des Undarstellbaren zu verändern. Worin das schlechthin Undarstellbare in der Tradition gesehen worden ist, braucht hier nicht erwähnt zu werden. Heute mag dies «Unendliche» in der Dialektik der Suche selbst liegen: in der *absoluten* Unmöglichkeit einer stabilen Regelung zwischen dem Sensiblen und dem Intelligiblen (zwischen der Empfindung und der Idee, oder auch zwischen der Anschauung und dem Begriff), im *Unendlichen* der Möglichkeiten dieser Regelung und in der *Unbedingtheit* einer jeden möglichen Regelung – also im Unendlichen der durchzuführenden bildnerischen Versuche. Das Undarstellbare liegt also im Unendlichen der sich stets wandelnden Zugriffe auf die «Realität» und damit der sich stets wandelnden «Realien» selbst. Das erzeugt wenn nicht Angst, so doch *Unlust,* eine unbehagliche Gemütslage, als ob man in einer *ewigen* Baustelle zu arbeiten sich verpflichtet hätte. Doch jedes einzelne und erneute Aufrichten eines Bildes ist von *Lust* erfüllt, jeder einzelne Erkenntnisfortschritt wieder von Lust begleitet – gerade auch im Bewusstsein der Unbeschränktheit der Erkenntnisse. In dieser Spannung zwischen der Unlust des Gemüts und der Lust des Intellekts liegt das *Erhabene.* (Das Erhabene ist nicht eine Eigenschaft des Objekts, sondern eine

Ohne Titel, 1987. Acryl auf Leinwand, 210 x 400 cm

Qualität der Befindlichkeit des Subjekts.) Darstellen aber heisst notwendig relativieren, insbesondere, wenn es sich um die Darstellung des an sich Undarstellbaren handelt. Und in diesem Relativieren liegt das unvermeidlich *Gemeine* einer jeden möglichen Malerei.

Gedanken wie diese wollen nicht eigentlich Kommentar sein zum Werk von Franz Wanner, ebenso sind seine Bilder in keiner Weise Illustrationen solcher Einfälle, diese verstehen sich schlicht als Begleitung. Und genauso wie die «dramatischen» oder anekdotischen Vorkommnisse und die sogenannt narrativen Vorstellungen erscheinen auch sie in seinen Arbeiten nicht als erkennbare Paraphrase, sondern werden quasi als *Brennpunkt* der bildnerischen Form verwendet. – Franz Wanners Bemühung um die immer wieder erneute und stets grundlegende Bildgewinnung wird hier in ein Bild- bzw. Wahrnehmungsereignis transformiert. Das «Aufrichten des Bildes» wird somit nicht nur als ein Strukturproblem angegangen, sondern als ein emotives, visuelles, physisches und gedankliches Moment begriffen und erlebt. Im umfassenden (d.h. ebenso in ausserkünstlerischem) Sinn stellt er damit die Frage, was ein ganzheitliches Bild sein kann – und was es, als Gegenentwurf, heute auch bedeuten und leisten kann. Der Bildgegenstand, der das Wesentliche des Bildvorgangs gewissermassen verkörpert und darin sozusagen als das Wesenhafte der Bildkonstitution sich zeigt, darf so gleichsam als Emblem für eine spezifische, doch immer auch archetypische Bilderfahrung gelten. Und wirken diese Bilder auf den ersten Blick scheinbar pathetisch, so kann doch nicht übersehen werden, dass das Pompöse getragen wird von äusserster Schlichtheit und erst ermöglicht wird von bohrendem Zweifel, ja zuweilen gar von zehrender Melancholie.

Christoph Schenker

Ohne Titel, 1987. Acryl auf Leinwand, 240 x 360 cm.
Sammlung G. Wolf, Köln

Ohne Titel, 1987. Acryl auf Leinwand, 230 x 400 cm

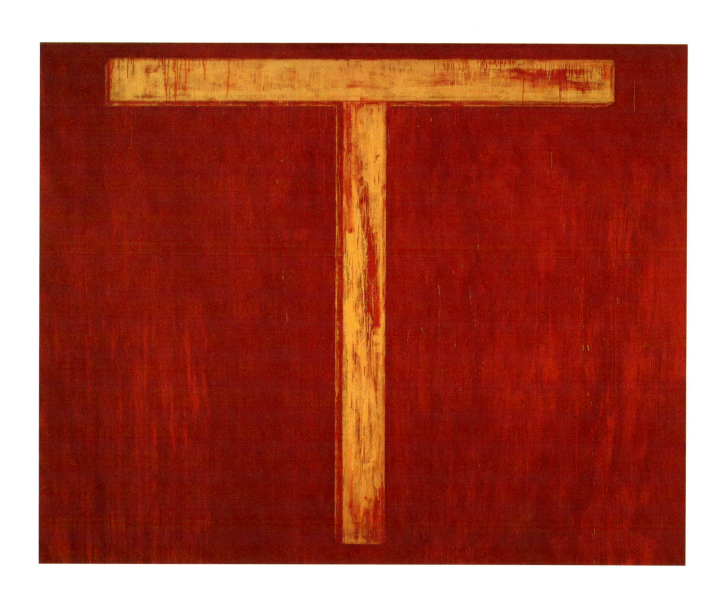

Ohne Titel, 1987. Acryl auf Leinwand, 250 x 310 cm

Franz Wanner

geboren am 21. Juni 1956 in Wauwil/LU

1972–1974
Kunstgewerbeschule Luzern, Vorkurs
1974–1977
Steinbildhauerlehre bei Franco Annoni, Luzern
1977–1979
Kunstgewerbeschule Luzern, Bildhauerklasse Anton Egloff
1979–1983
Akademie der bildenden Künste, Wien; Hochschule für angewandte Kunst, Wien
1980
Ausstellungspreis der Kunstgesellschaft Luzern anlässlich der Weihnachtsausstellung der Innerschweizer Künstler
1982
Kiefer-Hablitzel-Stipendium; Basler Lyons Club-Preis; Förderungsbeitrag der Stadt Luzern; Prix de la ville de Montreux
1983/1984/1985
Eidgenössisches Stipendium

lebt in Köln

Einzelausstellungen

1980
Galerie im Rägeboge, Luzern
1981
Kunstmuseum Luzern (Sonderausstellung zur Weihnachtsausstellung, als Preisträger des Ausstellungspreises 1980; Kat.)
1982
Apartement, Genf; Galerie Zanoni, Olten (mit Thomas Stalder)
1983
Galerie Littmann, Basel; Galerie Peter Pakesch, Wien: Raum für Aktuelle Schweizer Kunst Luzern
1984
Galerie Toni Gerber, Bern; Kunsthalle Waaghaus, Winterthur
1985
Standbild, Galerie Toni Gerber, Bern; Galerie André Emmerich, Zürich; Galerie Rolf Ricke, Köln
1986
Galerie Peter Pakesch, Wien; Galerie Rolf Ricke, Köln
1987
Galerie Claudio Guenzani, Mailand

Gruppenausstellungen

1980
Peter Messerli, Zürich; Weihnachtsausstellung der Innerschweizer Künstler, Kunstmuseum Luzern
1982
Présence Suisse, Galerie Farideh Cadot, Paris (Pierre Keller, Josef Felix Müller, Peter Roesch, Henri Spaeti, Franz Wanner)
1983
Junge Szene Wien, Wiener Sezession (Kat.); *Über Gewissheit,* Im Klapperhof, Köln (Kat.); *L'art nous presse,* E. L. A. C., Lyon (Kat.)
1984
Artistes de Lucerne, Musée Rath, Genf (Kat.); *Ein Bild, ein Gedicht, ein Stein,* Galerie Peter Pakesch, Wien (Kat.)
1986
die sammlung toni gerber im kunstmuseum bern, Kunstmuseum Bern (Kat.)

Bibliographie

CHRISTOPH SCHENKER, *Franz Wanner,* in: Kunstforum International, Bd. 75, 7/1984, S. 162–168.
CHRISTOPH SCHENKER, *Franz Wanner,* in: Noema Art Magazine 4, Nr. 12–13/1987, S. 70–71.
Kunst kommt aus dem Herzen, ein Interview mit Franz Wanner von ISABELLE GRAW, in: Wolkenkratzer, 5/1986, S. 50–51.

ANNA WINTELER

geboren 1954 in Lausanne, lebt in Basel

DISCOURS DES MONTAGNES A LA MERE

Rede der Berge ans Meer (an die Mutter)

J'ai donné ce titre, RUPTURE, ou bien BON HEURT BONHEUR LA BONNE HEURE ou encore, DISCOURS DES MONTAGNES A LA MERE parce que le moniteur qui transporte cette vidéo, voyage circulairement et de manière continue le long d'un axe vertical, de bas en haut, de haut en bas – et que cette spirale qui est en chacun de nous est faite d'une multitude de petites chutes, de petits sauts de cassures, d'arrachements, de retrouvailles, de départs, de séparations, de fins.

mille morts chaque jour
toujours.

Il y a beaucoup d'histoires qui se racontent.

Nous sommes tous des faiseurs d'histoires, inexorablement.

Les histoires des montagnes (ou de la mer) ont ceci d'attrayant (et je veux dire par là qu'elles me tirent en avant, m'aspirent), qu'elles contiennent presque toujours un drame, une tragédie, une tristesse tellement grande (dépassant notre taille), qu'elles nous enchantent; et les voix qui les racontent semblent toujours vieilles et porteuses d'une vérité qui ne peut être que chantée. Il y a de la magie dans l'air, et ces histoires nous semblent comme issues d'autres êtres, et eux, ce sont des êtres magnifiques!

On les raconte avec un demi-sourire au-dessous

Diese Überschrift, UMBRUCH, oder GLÜCKS-FALL GLÜCK GLÜCKSTAG oder auch REDE DER BERGE ANS MEER (AN DIE MUTTER) habe ich gewählt, weil sich der Monitor, der diese Videoaufnahme abspielt, im Kreis und ohne Unterbruch einer senkrechten Achse entlang bewegt, von unten nach oben, von oben nach unten – und weil diese Spirale, die in jedem von uns ist, aus einer Reihe von kleinen Stürzen, kleinen Sprüngen, Rissen, Abschiedschmerzen, Wiederbegegnungen, Aufbrüchen, Trennungen, Schlusspunkten besteht.

tausendfacher Tod jeden Tag
immer.

Es werden viele Geschichten erzählt.

Wir alle werden unweigerlich zu Geschichtenmachern.

Bei den Berg- (oder Meer-) Geschichten liegt das Anziehende (und ich meine damit, dass sie mich vorwärts ziehen, mich aufsaugen) darin, dass sie beinahe immer ein Drama, eine Tragödie, eine grosse (unsere Statur übersteigende) Traurigkeit beinhalten, dass sie uns bezaubern; und die Stimmen, von denen sie erzählt werden, tönen immer alt und scheinen eine Wahrheit in sich zu tragen, die nur gesungen werden kann. Magie liegt in der Luft, und diese Geschichten erwecken den Eindruck, als ob sie von

Discours des montagnes à la mere, Video-Installation in der Galerie Grita Insam, Wien 1984

d'yeux penseurs, si possible bleus comme l'océan du ciel (on dit comme ça), et même en rigolant franchement parce que c'était avant, et que nous sommes de maintenant, c'est à dire après.　　　　　Distance.

Et elles, ce sont toujours des histoires de la grande peur – grande, parce que humaine – peur, parce que pas mesurable – mais que la vie qu'il faut bien vivre nous fait accepter au fur et à mesure qu'elle passe, à force de disparitions, d'accidents, de morts de milliers d'entre nous, de bêtes, de plantes, jusqu'aux minéraux impénétrables, semble-t-il, et statiques! mais nous... ils nous font perdre l'équilibre.

Et raconter est une forme d'exorcisme.

Si le rituel est mauvais, l'histoire c'est comme si ell, se perdait. Elle n'est plus ni drôle, ni profonde, elle perd sa place. Qu'apprendre? L'enseignement est vide. Et ce n'est pas la même chose que si elle n'existait pas, elle a été, puisqu'elle a essayé d'être, mais elle a manqué, et, à la place d'être rien (chose d'avant le début), il reste quelque chose, une négation, une négation double, la première négation étant celle des origines, la seconde, celle qu'il va falloir défaire, décapiter en quelque sorte (couper la tête qui a conduit), et qu'avant de continuer, il va falloir recommencer.

Temps perdu.
C'était la mauvaise heure.

Grisaille.

andern Wesen, von herrlichen Wesen herstammten.

Man erzählt sie, leise lächelnd unter den nachdenklichen, womöglich himmelsozeanblauen Augen (so sagt man), und sogar offensichtlich belustigt, denn es war ja vorher, und wir sind von jetzt, von nachher.　　　　　Abstand.

Und immer sind es Geschichten der grossen Angst – gross, weil menschlich – Angst, weil nicht messbar – aber Geschichten, die uns das Leben, das ja gelebt werden muss, im Laufe seines Dahinschwindens allmählich akzeptieren lässt, nach allen Verlusten, dem tausendfachen Tod von Menschen, Tieren, Pflanzen, bis hin zu den undurchdringlichen, so scheint es, und statischen Gesteinen. Uns bringen sie jedoch ums Gleichgewicht.

Und Erzählen ist eine Art Exorzismus.

Ist das Ritual schlecht, so kommt die Geschichte sozusagen abhanden. Sie ist nicht mehr lustig und auch nicht mehr tiefschürfend, sie verliert ihren angestammten Platz. Was gibt es zu erfahren? Die Lehre ist leer. Und es ist nicht etwa so, als existierte sie nicht, sie ist gewesen, denn sie hat sich zu sein bemüht, aber sie hat versagt, und anstatt nichts (eine Sache vor dem Anfang) zu sein, bleibt etwas von ihr übrig, eine Verneinung, eine doppelte Verneinung, zunächst die Verneinung der Ursprünge, dann jene, die es aufzulösen, sozusagen zu enthaupten (ihres Leitkopfes

Video-Triptychon, 1987, mit Stills von den 3 Monitoren

Si, au contraire, en racontant, les yeux pétillent et le coeur se soulève, il y a le monde entier qui s'ouvre, béant comme une plaie, bruyant de tout un traffic fait de sang, de larmes, de cris multicolores, chatoyant, fluide, obèse d'une digestion encore à faire – et qui va se faire. Alors, si le coeur pète, n'importe quelle petite histoire fait partie de ces entrailles-là.

J'aime bien raconter des histoires.

Juste après l'amour, si l'image des montagnes me traverse encore, je me laisse envahir par un poids immense qui m'embrasse, et les larmes qui jaillissent alors (grand étouffement de sanglots), sont comme les cascades, les rivières, les petites rigoles d'eau douce se creusent lentement leur place vers le coeur de la terre.

Anna Winteler

zu berauben) gilt, und die, bevor es weitergehen soll, neu begonnen werden will.

Verlorene Zeit
Es war ein Unglückstag.

Grau in grau.

Wenn hingegen beim Erzählen die Augen funkeln und das Herz bebt, dann öffnet sich, klaffend wie eine Wunde, die ganze Welt, hallend vom Lärm eines Riesengetümmels aus Blut, Tränen, vielfarbigen Schreien, glitzernd, fliessend, angeschwollen von einer Verdauung, die noch zu vollenden ist – und die vollendet werden wird. Wenn also das Herz platzt, dann hat jede noch so kleine Geschichte ihren Anteil an diesen Eingeweiden.

Ich erzähle gerne Geschichten.

Gerade nach der Liebe, wenn das Bild der Berge noch auf mich einwirkt, lasse ich mich durch ein gewaltiges, mich umfassendes Gewicht durchdringen, und die Tränen, die dann hervorquellen (ein Unterdrükken des Schluchzens), sind wie die Wasserfälle, die Flüsse, die mit Süsswasser gespeisten Rinnen, die sich ihren Platz in Richtung aufs Erdinnere aushöhlen.

Anna Winteler

Discours des montagnes à la mere, Video-Installation in der Galerie Grita Insam, Wien 1984

Anna Winteler

geboren am 5. November 1954 in Lausanne

1974–1977
Berufsausbildung als Ballettänzerin mit Musik- und Theater-Ausbildung in London und Cannes
1977
Stagiaire am Württembergischen Stadttheater, Stuttgart, unter der Leitung von Marcia Haydée
1978
Paris, Ballet Contemporain Karin Waehner; 1. Preis Concours international de Chorégraphie des Ballets pour demain, Bagnolet, Paris; erste Begegnung mit Video während eines Stage mit Charles Atlas (Video) und Merce Cunningham (Choreographie) im Centre Américain, Paris; Niederlassung in Basel; Beginn der Tätigkeit als freischaffende Künstlerin im Bereich Performance, Video, Installation
1981
Kiefer-Hablitzel-Stipendium
1982
Stipendium der Emil Richterich-Beck-Stiftung
1983/1984
Eidgenössisches Stipendium
1984
Stipendium Basel Stadt

lebt in Basel

Einzelausstellungen

1981
Galerie Kaserne, Basel
1982
Galerie Filiale, Basel; St. Galerie, St. Gallen; Galerie Lydia Megert, Bern
1983
Raum für Aktuelle Schweizer Kunst Luzern; Galerie Magers, Bonn
1985
Galerie Lydia Megert, Bern
1986
Kunstverein, Schaffhausen

Gruppenausstellungen

1981
Prospekt 81. Junge Schweizer Künstler, Galerie im Rägeboge, Luzern; *Fri-Art,* Fribourg; *Künstler aus Basel,* Kunsthalle Basel (Kat.)
1982
Kunsthalle Basel (mit Federico Winkler, Carlos Figueira, Jürg Stäuble, Josef Felix Müller und Matthias Aeberli; Kat.)
1984
Bewegungsräume, Galerie Grita Insam, Wien (Kat.)
1985
Zu sehen. Kunst aus Basel, Künstlerwerkstätten Lothringerstrasse, München (Kat.); *Fri-Art,* New York (Kat.); *Die sich verselbständigenden Möbel,* Von der Heydt-Museum, Wuppertal
1986
Biennale Venedig, Aperto
1987
Offenes Ende – Junge Schweizer Kunst, Nürnberg/Erlangen (Kat.)

Bibliographie

MARTIN HELLER, *Anna Winteler, handelnde Person,* in: Werk, Bauen+Wohnen, 1–2/1984, S. 16–17.

ANNEMARIE MONTEIL, *Anna Winteler,* in: Das Kunstwerk 39, 4–5, September 1986, S. 108–109.
Videographie und Verzeichnis der Handlungs-Performances in: Kat. Kunsthalle Basel 1982 und in: *Tanzen mit dem Video,* Künstlerheft zur Ausstellung *Bewegungsräume,* Galerie Grita Insam, Wien, hrsg. von der Schweizer Kulturstiftung Pro Helvetia, Zürich, 1984.

Anstelle einer Bibliographie
„SCHWEIZER KUNST" 1980–1987 – UND ÜBERHAUPT
Eine Nach-Lese

Es ist bekannt, dass die erste Frage, die sich allen historiographischen Unternehmungen der deutschen Kunst stellte, das Subjekt dieser Geschichte war. 1986 beschrieb Ernst Busche das Hauptproblem so: «Gibt es das, deutsche Kunst, oder gibt es lediglich deutsche Künstler?»[1]

Natürlich ist nichts derartiges von der deutschen Kunst und von der deutschen Kunstgeschichtsschreibung bekannt. Und aus der offensichtlichen Absurdität der einleitenden Feststellung lässt sich schliessen, dass Ernst Busche einen solchen Satz selbstverständlich *nicht* geschrieben hat – trotz seiner berechtigten Einwände gegen die Gewissheit, mit der andere von einem «beständigen Koordinatensystem in der visuellen Kultur dieses Landes»[2] zu sprechen können glauben.

Bekannt ist etwas anderes: «Es ist bekannt, dass die erste Frage, die sich allen historiographischen Unternehmungen der Schweizer Kunst stellte, das Subjekt dieser Geschichte war.»[3] Und überaus selbstverständlich liest sich der Satz, mit dem Adolf Max Vogt 1984 das Hauptproblem beschrieb: «Gibt es das, Schweizer Kunst, oder gibt es lediglich schweizerische Künstler?»[4]

Erstaunen mag in diesem Zusammenhang einzig die Einmütigkeit, mit der – für einmal – Kunsthistoriker und Künstler über die gleichen Dinge nachdenken: *Künstler in der Schweiz – Schweizer Kunst?*[5]

Zwar hat es weder in der Vergangenheit noch in der Gegenwart an Geistern gemangelt, die zu wissen meinten, was das sei: «Schweizer Kunst», und was ihn auszeichne: *den* «Schweizer Künstler» (dessen Existenz nicht nur mit dem Gegensatzpaar «Künstler *in der* Schweiz – Schweizer Kunst», sondern, trotz des Festhaltens am Adjektiv «schweizerisch», auch mit der zitierten Frage Adolf Max Vogts in Zweifel gezogen wird[6]). 1924 etwa hatte Wilhelm Schäfer die «deutsche Natur» als den wesentlichen Kern der modernen Malerei in der deutschen Schweiz entdeckt.[7] Und jüngst wähnte einer, über die «Lage der Nation» nachsinnend, beobachtet zu haben, «abgrundtiefer Selbsthass» sei das «wirkliche Markenzeichen» von Schweizer Künstlern.[8] Klar ist, dass mit derartigen Diagnosen mehr ausgesagt ist über den, der solche Dinge ortet,[9] als über das auf diese Weise im besten Fall nur höchst mangelhaft beschriebene Phänomen, dem die «Analyse» gilt.

Allerdings: Die im Besitz solcher Gewissheit sich befinden, sind in der Minderzahl. Erst im Vergleich zur Sicherheit und Unbefangenheit jedoch, mit denen andere (und wir selber) von deutscher (französischer, amerikanischer, italienischer) Kunst zu sprechen gewohnt sind, wird befremdlich, wie wenig befremdlich uns die *Zweifel* an der Existenz von «Schweizer Kunst» sind. So dass man zu glauben geneigt ist, zumindest diese Zweifel seien ein typisches Merkmal von «Schweizer Kunst»…

…die dennoch, seit einem halben Jahrzehnt wie nie mehr seit den Zeiten, als man überzeugt war, durch Hodler sei «ein einigendes, ein spezifisch schweizerisches Element»[10] in die Kunst eingeführt worden, «sich in aller Munde befindet»[11]. An diesen (doch eher ungewöhnlichen) Ort gelangte sie durch eine Reihe von Ausstellungen[12] und durch die Präsentation und die (wenigstens versuchsweise) Analyse dessen, was als «Phänomen» wahrgenommen wurde, in einer Reihe von Kunstzeitschriften[13] (die indes zu einem nicht geringen Teil recht eigentlich zur Schaffung dessen beitrugen, das darzustellen sie vorgaben).

Eine Schlüsselfunktion kam dabei – kaum jemand, der, von Jean-Christophe Ammann[14] über Annelie Pohlen[15] bis Max Wechsler[16], den Gang der Ereignisse skizzierte, hat es versäumt, darauf hinzuweisen – der von Martin Kunz organisierten Ausstellung *Schweizer Kunst '70–'80*[17] zu. «Regionalismus», das entscheidende neue Stichwort, war hervorragend geeignet, die von Paul Nizon 1970 konstatierte «Engnis der Enge» – auch sie eine Referenz, ohne die der Diskurs über Schweizer Kunst kaum mehr möglich schien – zwar nicht als Tugend erscheinen zu lassen, ihr aber doch eine Wendung ins Positive abzugewinnen.[18]

Zwar blieb die helvetische Enge weiterhin als Faktum bestehen. Die ihr Verhafteten waren jedoch «die Andern», die Vertreter der «extrem praktisch-politischen Gesellschaft»[19], denen jetzt eine offene, in ihrer Vitalität «unschweizerische» Schweizer «Kunstszene» gegenüberstand. Jene Autoren, die in der Nachfolge von Nizon es unternahmen, «die schwierigen Bedingungen der Schweizer Künstler beim Namen zu nennen», heisst es in der jüngsten Beurteilung der Lage, hätten in ihrer Analyse durchaus recht, habe sich doch «in der jeweiligen kurzen Zwischenzeit [...] die gesellschaftspolitische Situation in der Schweiz und mit ihr das Umfeld für künstlerische Äusserungen nicht verbessert».[20]

Eine solche Einschätzung lässt nun allerdings die Vermutung aufkommen, die gedankliche Durchdringung der Probleme habe mit der hektischen Betriebsamkeit der «Kunstszene» nicht immer Schritt gehalten: Das zu einfache Muster verlangt nach Differenzierung.

Denn seit 1970 haben sich die gesellschaftspolitische Situation und mit ihr das Umfeld für künstlerische Äusserungen wenn nicht *verbessert* (dazu jedoch eine Bemerkung weiter unten), so doch bestimmt entschieden *verändert*. Eine Analyse, die diesen Tatsachen nicht Rechnung trägt, läuft Gefahr, die «Engnis der Enge» zu einem neuen schweizerischen Mythos zu stilisieren. Und nur wenn die Kunstszene als *Teil* des Systems begriffen wird, das – zugegebenermassen – dominiert wird von einer Gesellschaft, die man als «extrem praktisch-politisch» bezeichnen mag, ist es möglich, unzulässige Vereinfachungen zu vermeiden.

Unter einem derart veränderten Blickwinkel können bekannte Dinge in neuem Licht erscheinen. Ein Beispiel: Zur «Szene Schweiz» gehört nicht nur, als ein wichtiger Katalysator, die Arbeit – nein: das nächtliche, «mit beispielloser Härte, Konsequenz und Rücksichtslosigkeit» betriebene Tun «des» Zürcher Sprayers, das «die Einwohner von Zürich» verunsicherte und «ihren auf unserer Rechtsordnung beruhenden Glauben an die Unverletzlichkeit des Eigentums» erschütterte[21], sondern auch der Skandal seiner Verurteilung. Zu der so verstandenen «Szene» gehört aber ferner auch die Tatsache, dass in der Welt, die die NZZ bedeutet, Harald Naegeli mit staunenswerter Konsequenz unter dem Rubrum «Sachbeschädigung» abgehandelt wurde und so auch noch die folgende sda/spa-Nachricht als Meldung *Von Tag zu Tag* im Lokalteil zu finden war: «Die *Fachhochschule in Wiesbaden* (Hessen) hat dem als "Sprayer von Zürich" bekannten Harald Nägeli einen Lehrauftrag für den Bereich "Formen der visuellen Kommunikation" angeboten.»[22] Dass auf diese Weise «der wegen seiner skurillen [sic!] Grafitti [sic!]» bekannt Gewordene zwar – dies jedenfalls lässt selbst die NZZ die dpa berichten – «in die Kunstgeschichte eingegangen ist»[23], nicht jedoch ins Feuilleton der *Neuen Zürcher Zeitung* (das trotzdem und zu Recht auch von durchaus Andersgesinnten als «das ausführlichste und beste» der Schweiz bezeichnet wird[24]), hat auch seine positiven Seiten: Es trug und trägt dazu bei, dass seine Ideen die Sprengkraft und die Brisanz bewahrten, die ihnen durch eine bereitwillige Vereinnahmung (*Von Holbein bis Naegeli. Meisterwerke aus Schweizer Privatbesitz?*) genommen worden wäre.[25]

Unter einem derart veränderten Blickwinkel können sich auch Perspektiven verschieben. Ist beispielsweise «die fast neurotische Sucht nach reibungslosen Abläufen» als Hemmnis der schöpferischen Kraft[26] eine Krankheit, von der ausschliesslich die «Andern» befallen sind? Oder lässt sich diese nützliche Fiktion nur so lange aufrecht erhalten und kolportieren wie jene andere (aufs erste Hinhören auch durchaus glaubwürdig tönende), nach der die *Pro Helvetia*, das «Instrument zur Sachverwaltung schweizerischen Nationalgeistes», «glücklicherweise [...] in den letzten zehn Jahren, nach unzähligen Hodler-Ausstellungen, auch einige Experimente in den Genuss von Unterstützung» gebracht habe?[27] Ein Blick in die seit 1972 jährlich publizierten *Tätigkeitsberichte* der Institution[28] hätte dem Autor dieser Sätze gezeigt, dass die Zuordnung der Beiwörter «unzählige» und «einige», wenn schon, eher umgekehrt zu erfolgen hätte. Fast neurotische Sucht nach reibungslosen Abläufen bei wem? Sollte es sich erweisen, dass viele Schweizer Künstler nicht «nur» Künstler, sondern eben in hohem Mass auch Schweizer sind?

«Gibt es das, Schweizer Kunst, oder gibt es lediglich schweizerische Künstler?» – Die Frage scheint, vorausgesetzt, man verstehe unter «Schweizer Kunst» nicht einfach einen Schweizer «Stil» (den es selbstredend nicht gibt – Bedingung wäre ja die ungebrochene Tragfähigkeit des kunstgeschichtlichen Stilgeschichts-Konzepts), aktueller denn je. Und es scheint gar, dass sie wesentlich zur «Szene» Schweiz gehöre – mit den negativen *und* positiven Folgen einer hohen Reflexivität: Lähmung, Kleinkariertheit und Ängstlichkeit, aber auch: Überlegtheit, Differenziertheit und Witz.

Marcel Baumgartner

Anmerkungen

1. Der Satz findet sich *nicht* in: ERNST BUSCHE, Rezension der Ausstellungen *German Art in the 20th Century – Painting and Sculpture 1905–1985 / Deutsche Kunst im 20. Jahrhundert. Malerei und Plastik 1905–1985*, Royal Academy of Arts, London, 11. Oktober–22. Dezember 1985 / Staatsgalerie Stuttgart, 8. Februar–27. April 1986, und *1945–1985: Kunst in der Bundesrepublik Deutschland,* Nationalgalerie Berlin, 27. September 1985–12. Januar 1986, in: Kunstchronik 39, 1986, S. 126–132.

2. CHRISTOS M. JOACHIMIDES, *Feuerriss durch die Welt,* in: *Deutsche Kunst im 20. Jahrhundert. Malerei und Plastik 1905–1985,* hrsg. von CHRISTOS M. JOACHIMIDES, NORMAN ROSENTHAL, WIELAND SCHMIED, München: Prestel, 1986, S. 9–11. Das ganze Zitat lautet: «Je länger und intensiver wir uns mit der Ausstellung befassten, umso deutlicher ist es uns geworden, dass es nicht nur in diesem Jahrhundert, sondern darüber hinaus ein beständiges Koordinatensystem in der visuellen Kultur dieses Landes gibt, das weit zurückreicht – bis zu Matthias Grünewald, zur Donauschule, zu den Rheinischen Meistern – und das über Caspar David Friedrich und Philipp Otto Runge bis heute sichtbar geblieben ist, ein Koordinatensystem, das von der expressiven Vision und dem durch die Romantik geprägten Weltgefühl bestimmt wird.» (S. 11). – Ein – vorsichtig ausgedrückt – ungebrochener Glaube an «die» deutsche Kunst spricht auch aus einem Buchtitel wie GOTTLIEB LEINZ, *Tausend Jahre deutsche Malerei. Deutschland – Österreich – Schweiz,* Darmstadt: Wissenschaftliche Buchgesellschaft, 1984. – Zur Diskussion um die nationalistische Kunstgeschichtsschreibung siehe neuerdings: LARS OLOF LARSSON, *Nationalstil und Nationalismus in der Kunstgeschichte der zwanziger und dreissiger Jahre,* in: LORENZ DITTMANN (Hrsg.), *Kategorien und Methoden der deutschen Kunstgeschichte 1900–1930,* Wiesbaden/Stuttgart: Steiner, 1985, S. 169–184 und zuletzt: ROBERT SUCKALE, *Wilhelm Pinder und die deutsche Kunstwissenschaft nach 1945,* in: Kritische Berichte 14, 1986, Heft 4, S. 5–17, sowie, als Antwort auf Suckale: KLAUS-HEINRICH MEYER, *Der Deutsche Wilhelm Pinder und die Kunstwissenschaft nach 1945,* in: Kritische Berichte 15, 1987, Heft 1, S. 41–48.

3. OSKAR BÄTSCHMANN/MARCEL BAUMGARTNER, *Historiographie der Kunst in der Schweiz,* in: Unsere Kunstdenkmäler. Mitteilungsblatt für die Mitglieder der Gesellschaft für Schweizerische Kunstgeschichte 38, 1987, Heft 3 (Themenheft zur Geschichte der Geschichte der Kunst in der Schweiz, aus Anlass des Erscheinens der ersten beiden Bände von ARS HELVETICA). – Als Nachtrag ein dort fehlender Literaturhinweis: RICHARD ZÜRCHER, *Die kunstgeschichtliche Stellung der Schweiz,* in: Zeitschrift für schweizerische Geschichte 29, 1949, S. 357–377.

4. ADOLF MAX VOGT, *Schweizer Kunst und Avantgarde. Unverständlichkeit als kultureller «Vorsprung»?* (Rezension von: HANS A. LÜTHY/HANS-JÖRG HEUSSER, *Kunst in der Schweiz 1890–1980,* Zürich: Orell Füssli, 1983), in: Schweizer Monatshefte 64, 1984, S. 637–641.

5. *Künstler in der Schweiz – Schweizer Kunst?* Gespräch zwischen HELMUT FEDERLE und JACQUES HERZOG, in: Werk, Bauen + Wohnen, Nr. 10/1984, S. 49–55. – Siehe ferner: HEINY WIDMER, *Schweizerkunst? Kunst aus der Schweiz? Kunst von Schweizerkünstlern?* in: *Künstler aus der Schweiz. 10 Situationen. Ein Album,* Institut für moderne Kunst Nürnberg, 1983/84, o.S. – Ein weiteres Beispiel für die Erörterung der Frage in der neueren Literatur ist: WILLY ROTZLER, *Konstruktion und Geste,* in: *Konstruktion und Geste. Schweizer Kunst der 50er Jahre,* Städtische Galerie im Prinz-Max-Palais Karlsruhe, 12. April–22. Juni 1986 / Westfälisches Landesmuseum für Kunst und Kulturgeschichte Münster, Landschaftsverband Westfalen-Lippe, 13. Juli–7. September 1986 / Museum zu Allerheiligen Schaffhausen, 28. September–23. November 1986, S. 11–19.

6. Aufschlussreich ist, dass selbst dort, wo ausdrücklich postuliert wird: «Es ist deshalb auch unser Ziel, im Rahmen der Ausstellung nicht Schweizer Kunst, sondern Künstler aus der Schweiz vorzustellen», der inkriminierte Begriff im Untertitel von Ausstellung und Publikation zur Ausstellung doch wieder auftaucht: *Offenes Ende – Junge Schweizer Kunst,* hrsg. vom Institut für moderne Kunst Nürnberg, Zirndorf: Verlag für moderne Kunst, 1987 (Zitat: Teil 1, S. 10, Text von URS STAHEL).

7. WILHELM SCHÄFER, *Die moderne Malerei der deutschen Schweiz,* Frauenfeld/Leipzig: Huber, 1924 (Die Schweiz im deutschen Geistesleben, hrsg. von Harry Maync, Illustrierte Reihe, 2. Band), S. 76: «Somit habe ich den Grund meiner Liebe zur schweizerischen Kunst ausgesprochen als meine Liebe zu ihrer deutschen Natur. Solange aus deutschem Wesen nichts Stärkeres aufersteht, muss ich für diese Liebe zeugen […].»

8. CONRADIN WOLF, *Zur Lage der Nation,* in: Noema 4, Nr. 12/13, 1987 (Sondernummer Schweiz), S. 108.

9. Zu Wilhelm Schäfer und seinem Verhältnis zur Schweizer Kunst siehe: MARCEL BAUMGARTNER, *«Schweizer Kunst» und «deutsche Natur». Wilhelm Schäfer, der «Verband der Kunstfreunde in den Ländern am Rhein» und die neue Kunst in der Schweiz zu Beginn des 20. Jahrhunderts,* in: FRANÇOIS DE CAPITANI/GEORG GERMANN, *Auf dem Weg zu einer schweizerischen Identität 1848–1914. Probleme – Errungenschaften – Misserfolge,* 8. Kolloquium der Schweizerischen Akademie der Geisteswissenschaften 1985, Freiburg: Universitätsverlag, 1987, S. 291–308.

10. HANS GRABER, *Jüngere Schweizer Künstler,* Basel: Schwabe, 1918, S. 10. Zur Propagierung einer «Schweizer Kunst» in den ersten Jahrzehnten des 20. Jahrhunderts siehe MARCEL BAUMGARTNER, *«Schweizer Kunst» und «deutsche Natur»* (wie Anm. 9), bes. S. 292–295.

11. HARRY ZELLWEGER, *Die Kunst von Reisläufern. Schweizer Kunst der 80er Jahre,* in: Noema 4, Nr. 12/13, 1987 (Sondernummer Schweiz), S. 52.

12. Siehe ANNEX I. Ich beschränke mich in meiner Aufzählung auf eine Auswahl von Gruppenausstellungen im Ausland. Dies geschieht nicht ohne Grund: Die Kataloge zu diesen Ausstellungen sind in hohem Mass der Ort, an dem die Diskussion um die «Schweizer Kunst» ausgetragen wurde. Eine bemerkenswerte Ausnahme bildet eine Publikation der Galerie Buchmann, St. Gallen: ARMIN WILDERMUTH, *Aspekt Schweiz,* St. Gallen: Galerie Buchmann, o.J. [1982].

13. Seit 1983 haben fünf Kunstzeitschriften Sondernummern dem Thema «Schweiz» gewidmet; siehe ANNEX II.
Daneben wären einzelne Aufsätze zu nennen:
BICE CURIGER, *New Painting in Switzerland,* in: Flash Art, März/April 1981, S. 32–36.
MAX WECHSLER, *Ein Schweizer Frühling,* in: Kunst-Bulletin, Nr. 6, Juni 1981, S. 2–6.
MARTIN KUNZ, *Die eigentliche und die uneigentliche Schweizer Kunst,* in: Kunstforum International, Band 80, 3/85, Juli–September 1985, S. 204–205, 210–211.
MAX WECHSLER, *Tiefe Blicke oder von der hohen Seefahrt eines Binnenlandes,* in: *Tiefe Blicke. Kunst der achtziger Jahre aus der Bundesrepublik Deutschland, der DDR, Österreich und der Schweiz,* mit einem Vorwort von Johann-Karl Schmidt, hrsg. vom Verein der Freunde und Förderer des Hessischen Landesmuseums Darmstadt, Köln: Du Mont, 1985, S. 365–371.
CHRISTOPH SCHENKER, *Riding the Tiger,* in: Flash Art, Nr. 134, Mai 1987, S. 56, 73–75.

14. JEAN-CHRISTOPHE AMMANN, *Schweizer Künstler sind gefragt,* in: *Aspekte der Jungen Schweizer Kunst,* Städtische Galerie Regensburg, 1981, o.S.

15. ANNELIE POHLEN, *Beobachtungen von draussen,* in: Kunstforum International, Band 63/64, 1983, S. 256–259. Das grundsätzlich Neue beschreibt Annelie Pohlen so: «Als Martin Kunz, Leiter des Kunstmuseums von Luzern, in die Vorbereitung der bemerkenswerten Ausstellung *Schweizer Kunst '70–'80* einstieg, war die mit Beginn der 80er Jahre einsetzende nationale Kunstbetrachtungsweise eher noch in statu nascendi. Die Schnelligkeit, mit der sich das Nationalitätenkarussell in der Folge drehen würde, war allenfalls erahnbar. An den bislang herrschenden Internationalismus wagten sich Kritiker nur unter Vorbehalt heran.» (S. 256).

16. MAX WECHSLER, *Die Idylle sprengt die Enge. Schweizer Kunst heute,* in: *Blüten des Eigensinns,* Kunstverein München, 1984, S. 11–18, bes. S. 15–17.

17. *Schweizer Kunst '70–'80. Regionalismus/Internationalismus. Bilanz einer neuen Haltung in der Schweizer Kunst der 70er Jahre am Beispiel von 30 Künstlern,* Kunstmuseum Luzern, 1. Februar–22. März 1981 [Prolog: Franz Eggenschwiler, Franz Gertsch, Friedrich Kuhn, Dieter Roth, André Thomkins; John M. Armleder, René Bauermeister, Luciano Castelli, Chérif Defraoui, Silvie Defraoui, Martin Disler, Groupe Ecart, Marianne Eigenheer, Heiner Kielholz, Urs Lüthi, Chasper-Otto Melcher, Gérald Minkoff, Muriel Olesen, Jean Otth, Patricia Plattner, Markus Raetz, Claude Sandoz, Jean-Frédéric Schnyder, Alex Silber, Hugo Suter, Niele Toroni, Janos Urban, Hannes Vogel, Aldo Walker, Ilse Weber, Rolf Winnewisser]. Die Ausstellung wurde anschliessend in Bologna (Galleria Comunale d'Arte moderna, 27. Juni–31. August 1981), Genua (Teatro del Falcone/Palazzo Reale, 15. Oktober–15. November 1981), Bonn (Rheinisches Landesmuseum, 1. Juli–8. August 1982) und Graz (Neue Galerie am Joanneum, 16. Oktober–10. November 1982) gezeigt.

18. Martin Kunz hat seinen Regionalismusbegriff bekräftigt in: MARTIN KUNZ, *Die Schweizer Kunst der 70er Jahre im Spannungsbereich des Regionalismus/Internationalismus,* in: *Trigon 81. Auf der Suche nach den Autonomien. Der Regionalismus in der Kunst,* Neue Galerie am Landesmuseum Joanneum, Graz, 17. Oktober–8. November 1981, o.S.; später hat er es, angesichts von Missverständnissen, die um das Schlagwort entstanden waren, unternommen, seine eigene Position in Frage zu stellen in: MARTIN KUNZ, *Die eigentliche und die uneigentliche Schweizer Kunst* (wie Anm. 13).

19. ARMIN WILDERMUTH, *Aspekt Schweiz,* St. Gallen: Galerie Buchmann, o.J. [1982], o.S. [S. 40]. Dazu ist zu bemerken, dass Armin Wildermuth gerade *nicht* als Vertreter einer in dieser Weise eindimensional reduzierenden Sicht der Dinge gelten kann. Ich zitiere seinen Ausdruck sozusagen indirekt: nach WOLFGANG JEAN STOCK, *Blüten des Eigensinns,* in: *Blüten des Eigensinns* (wie Anm. 16), S. 7 – als Beleg für die oft seltsame Wirkungslosigkeit differenzierter Darstellungen in der allgemeinen Diskussion. Vgl. dazu auch die folgende Anmerkung.

20. URS STAHEL, *Offenes Ende... Gedanken zu Kunst und Künstlern,* in: *Offenes Ende – Junge Schweizer Kunst,* hrsg. vom Institut für moderne Kunst Nürnberg, Zirndorf: Verlag für moderne Kunst, 1987, S. 10. – In den von Stahel angeführten Beiträgen von Theo Kneubühler, Martin Kunz, Armin Wildermuth, Heiny Widmer und Max Wechsler ist im übrigen diese Frage keineswegs so einheitlich behandelt, wie die blosse Auflistung es suggeriert.

21. Aus dem Urteil des Zürcher Obergerichts, zit. nach: MICHAEL MÜLLER (Hrsg.), *Der Sprayer von Zürich. Solidarität mit Harald Naegeli,* mit Beiträgen von JOSEPH BEUYS, SARAH KIRSCH, ADOLF MUSCHG, KLAUS STAECK u.a., Reinbek bei Hamburg: Rowohlt, 1984 (rororo aktuell), S. 97.

22. *Lehrauftrag für den «Sprayer»,* in: Neue Zürcher Zeitung, Nr. 217, 17./18. September 1983, S. 51 («Stadt Zürich»).

23. *Amnestie für den «Sprayer»? Forderung deutscher Künstler,* in: Neue Zürcher Zeitung, Nr. 206, 5. September 1983, S. 5 («Vermischte Meldungen»).

24. HANS ULRICH RECK, *Unerbittliche Ruhe. Ein polemisches Zeitbild der Schweiz,* in: *Offenes Ende* (Wie Anm. 20), S. 98.

25. Auf diese Problematik verwiesen im Zusammenhang mit Harald Naegeli: PETER BICHSEL, *Hunger und Hungerkünstler,* in: Die Weltwoche, Nr. 29, 19. Juli 1984, S. 2 und, auf die Vermarktung amerikanischer Graffiti-Künstler sich beziehend, HANS-CHRISTOPH BLUMENBERG, *Tausend Zeichen in der Nacht. Eine Begegnung mit dem Künstler Harald Naegeli,* in: Die Zeit, Nr. 40, 30. September 1983, S. 43–44 («Feuilleton»).

26. URS STAHEL, *Offenes Ende...* (wie Anm. 20), S. 10.

27. HANS ULRICH RECK, *Unerbittliche Ruhe* (Wie Anm. 24), S. 96.

28. Eine zwar unvollständige, aber durchaus repräsentative Übersicht bietet auch die von CHRISTOPH EGGENBERGER, Leiter der Abteilung III von Pro Helvetia (Bildende und angewandte Kunst/Film) zusammengestellte Liste der *Kunstausstellungen der Schweizer Kulturstiftung Pro Helvetia im Ausland 1946–1986* im Anhang zu seinem Beitrag *Die Stiftung «Pro Helvetia» als Vermittlerin schweizerischer Kunst im Ausland,* in: Zeitschrift für Schweizerische Archäologie und Kunstgeschichte 43, 1986, Heft 4, S. 411–428 (Referat, gehalten anlässlich des 11. Kolloquiums der *Vereinigung der Kunsthistoriker in der Schweiz,* Neuchâtel, 7.–8. Juni 1987). – Die in meinem *Annex I: «Schweizer Kunst» 1980–1987. Gruppenausstellungen im Ausland* aufgeführten Ausstellungen sind ohne Ausnahme mit Unterstützung der *Pro Helvetia* entstanden.

ANNEX I

«Schweizer Kunst» 1980–1987. Gruppenaustellungen im Ausland

Aspekte der Jungen Schweizer Kunst, Städtische Galerie Regensburg, 27. März–10. Mai 1981. [Michael Biberstein, Miriam Cahn, Martin Disler, Hellmut M. Federle, Rut Himmelsbach, Peter Roesch, Jürg Stäuble, Hannah Villiger, Rolf Winnewisser] Katalog mit einem Beitrag von JEAN-CHRISTOPHE AMMANN, *Schweizer Künstler sind gefragt.*

30 Künstler aus der Schweiz, Galerie Krinzinger, Innsbruck, 4.–27. Juni 1981 / Frankfurter Kunstverein, Frankfurt a. M., Steinernes Haus, 17. Juli–5. August 1981 / Galerie nächst St. Stephan, Wien, 10. September–3. Oktober 1981. [John Armleder, Agnes Barmettler, Anton Bruhin, Luciano Castelli, Martin Disler, Peter Emch, Hellmut M. Federle, Peter Fischli, Pier Geering, Werner Hartmann, Rolf Hauenstein, Martin Hess, Leiko Ikemura, Heiner Kielholz, Herbert Lienhard, Thomas Lüchinger, Urs Lüthi, Chasper Otto Melcher, Markus Raetz, Peter Roesch, Dieter Roth, Claude Sandoz, Hugo Suter, Hans Schärer, Klaudia Schifferle, Jörg Schwerzmann, André Thomkins, Aldo Walker, David Weiss, Rolf Winnewisser] (Im Rahmen der von Pro Helvetia organisierten Veranstaltungsreihe «Situation Schweiz»).

Zwitserse Avant-Garde, Den Haag, Galerie Nouvelles Images, 10. Juli–28. August 1982. [Matthias Aeberli, Nina von Albertini, John M. Armleder, Vincenzo Baviera, Mario Botta, Verena Brunner, Luciano Castelli, Martin Disler, Matteo Emery, Peter Fischli, Pier Geering, Johanna Hess-Dahm, Thérèse Hilbert, Rut Himmelsbach, Pierre Keller, Otto Künzli, Urs Lüthi, Felix Müller, Guido Nussbaum, Peter Roesch, Claude Sandoz, Bernhard Schobinger, Marlise Staehelin, Jürg Stäuble, Vivian Suter, David Weiss, Rolf Winnewisser].

Szene Schweiz in 13 Galerien und 40 Ausstellungen, Bonn, Köln, Bielefeld, September bis Dezember 1983 (Katalog: Zürich: Pro Helvetia, 1983)

Über Gewissheit, Im Klapperhof, Köln, 2.–24. September 1983. [John M. Armleder, Heinz Brand, Helmut Federle, Jean-Frédéric Schnyder, Aldo Walker, Franz Wanner] (Veranstaltung im Rahmen von «Szene Schweiz» der Pro Helvetia).

Szene Schweiz. Miriam Cahn, Urs Lüthi, Daniel Spoerri, Aldo Walker, Kölnischer Kunstverein, 2. September–2. Oktober 1983. (Veranstaltung im Rahmen von «Szene Schweiz» der Pro Helvetia) Katalog mit einem Beitrag von URSULA PERUCCHI, *Schweizer Kunst in der Video-Sammlung des Kunsthauses Zürich. Schweizer Video-Künstler aus der Videothek des Kunsthauses Zürich:* Hanspeter Ammann, René Bauermeister, Alexander Hahn, Urs Lüthi, Reinhard Manz, Dieter Meier, Gérald Minkoff, Muriel Olesen, Jean Otth, Dieter Roth/Arnulf Rainer, Janos Urban.

Künstler aus der Schweiz. 10 Situationen, Ausstellung des Instituts für moderne Kunst Nürnberg in der Schmit Bank-Galerie, 8. Dezember 1983–27. Januar 1984. [Peter Emch, Rolf Hauenstein, Leiko Ikemura, Urs Lüthi, Markus Raetz, Hans Schärer, Philippe Schibig, Hugo Suter, Aldo Walker, Rolf Winnewisser] Katalog mit einem Beitrag von HEINY WIDMER, *Schweizerkunst? Kunst aus der Schweiz? Kunst von Schweizerkünstlern?*

Enyor i Passió. Aspectes de la pintura suïssa actual/ Añoranza y Pasión. Aspectos de la pintura suiza actual/Sehnsucht und Leidenschaft. Aspekte aktueller Schweizer Malerei, Fundació Joan Miró, Barcelona, 29. Mai–8. Juli 1984. [Klaus Born, Rudolf Buchli, Martin Cleis, Raphael Kessler, Thomas Müllenbach, Aldo Schmid].

Blüten des Eigensinns. Acht Schweizer Künstler, Kunstverein München, 28. September–11. November 1984. [Marianne Eigenheer, Peter Emch, Urs Lüthi, Gaspare Melcher, Josef Felix Müller, Peter Roesch, Hugo Suter, Rolf Winnewisser]. Katalog mit einem Vorwort von WOLFGANG JEAN STOCK, *Blüten des Eigensinns,* und einem Beitrag von MAX WECHSLER, *Die Idylle sprengt die Enge. Schweizer Kunst heute.*

Bewegungsräume. Schweizer Künstlerinnen zeigen Installationen, Video, Performance, Tanzperformance, Galerie Grita Insam, Wien, 29. Oktober–30. November 1984. Eine Veranstaltung der Schweizer Kulturstiftung Pro Helvetia im Rahmen des Internationalen Künstlerinnentreffens Wien *Blickpunkt Kunst von Frauen* [Agnes Barmettler, Christine Brodbeck, Silvie (und Chérif) Defraoui, Olivia Etter, Rut Himmelsbach, Rosina Kuhn, Muriel Olesen (und Gérald Minkoff), Anna Winteler].

Cross-Currents in Swiss Art, Serpentine Gallery, London, 9. März–8. April 1985. [Martin Disler, Miriam Cahn, Jean-Frédéric Schnyder, Markus Raetz, Peter Fischli und David Weiss] Katalog mit einem Beitrag von RICHARD CALVOCORESSI, *Swiss Myths* und einem *Postscript: A Swiss View* von JEAN-CHRISTOPHE AMMANN.

Fri.Art – Made in Switzerland, New York, The Clocktower, Franklin Furnace, The Kitchen + LA MAMA E. T. C., The Collective for Living Cinema, 26. April–8. Juni 1985. [Hanspeter Ammann, Ian Anüll, John Armleder, Daniel Berset, Heinz Brand, Urs Breitenstein, François Bridel, Christine Brodbeck, Marie-José Burki/Eric Lanz, Erich Busslinger, Gérard Cavat,

Dominique Comtat, Container TV, Chérif + Silvie Defraoui, Philippe Deléglise, Etienne Descloux, Jürg Egli, Jacques Favre, Pierre André Ferrand, Claude Gaçon, Christophe Geel, Hans Jürg Gilgen, Véronique Goël, David di Guardo/Yves Knobel/Robert Mac Naughton, Alexander Hahn, Rut Himmelsbach, Michel Huelin, Res Ingold, IPUT, Monica Klingler, André Lehmann, Carlo Lischetti, Pascal Magnin, Christian Marclay, Felix Müller, Alain Mugnier, Grégoire Muller, Werner von Mutzenbecher, Meret Oppenheim, Jean Otth, Markus Raetz, Catia Riccaboni, Michel Ritter, Dieter Roth, Ruedi Schill, Daniel Schmid, HHK Schönherr, Roman Signer, Alex Silber, Pierre Sublet, Jean-Jacques Le Testu, Peter Trachsel/ Knut Remond, Janos Urban, Aldo Walker, Christoph Weisbrod, Cécile Wick, Anna Winteler, Robert Zimmermann].

Constellations: Aspects of Contemporary Swiss Art, Hara Museum of Contemporary Art, Tokyo, 1986. [Rudolf Buchli, Martin Cleis, Daniel Gaemperle, Godi Hirschi, Heidi Künzler, Jörg Mollet, Stephan Spicher, Therese Weber].

Swiss Pralines, Forum Stadtpark Graz, 18. April–11. Mai 1986. [Silvie & Chérif Defraoui, Olivia Etter, Peter Fischli/David Weiss, Andreas Hofer, Anne Sauser-Hall, Stefi Talman, François Viscontini].

Konfrontationen/Confrontations. 11 Künstler aus der französischen Schweiz in der Altstadt von Tübingen/ 11 artistes de Suisse romande dans la vieille ville de Tübingen, Tübingen, 26. April–4. Juli 1986. [Jean Tinguely, John Armleder, Michèle Baudit, Douglas Beer, Silvie & Chérif Defraoui, Hans-Rudolf Huber, Pierre Keller, Carmen Perrin, Jean Stern, Pierre Mariétan].

Sparsam aber teuer, Forum Stadtpark Graz, 8.–31. Mai 1987. [Ian Anüll, Luigi Archetti, Christoph Herzog, Peter Liechti, Roman Signer, Adrian Schiess, René Zäch].

Offenes Ende. Junge Schweizer Kunst, Institut für moderne Kunst, Kunsthaus, Albrecht Dürer-Gesellschaft u.a., Nürnberg/Erlangen 1987. [Hanspeter Ammann, John M. Armleder, Vincenzo Baviera, Michael Biberstein, Mario Botta, Christine Brodbeck, Stephane Brunner, Max Brühlmann, Francisco Carrascosa, Hans Danuser, Monika Dillier, Martin Disler, Peter Emch, Walter Fähndrich, Peter Fischli/David Weiss, Corsin Fontana, Alexander Hahn, Alex Hanimann, Rut Himmelsbach, Andreas Hofer, Felix Stephan Huber, Leiko Ikemura, Monica Klingler, Simon Lamunière, Eric Lanz, Alois Lichtsteiner, Yvonne Meier, Thomas Müllenbach, Josef Felix Müller, Muriel Olesen, Carmen Perrin, Walter Pfeiffer, Christoph Rütimann, Peter Schelling/Béatrice Jaccard, Roman Signer, Kurt Sigrist, Henri Spaeti, Anselm Stalder, Beat Streuli, Hugo Suter, Jean Jacques Le Testu, Hannah Villiger, Cécile Wick, Anna Barbara Wiesendanger, Rolf Winnewisser, Anna Winteler, Günther Wizemann, Daniel Zimmermann]. Katalog mit Beiträgen von HEINZ NEIDEL, *Glücksfälle einer Annäherung. Fünf Fussnoten zu einem Abenteuer,* URS STAHEL, *Offenes Ende... Gedanken zu Kunst und Künstlern,* LUIGI A. KURMANN, *Bewegungslieder. Die junge Schweizer Video- und Performance-Szene* und HANS ULRICH RECK, *Unerbittliche Ruhe. Ein polemisches Zeitbild der Schweiz.*

ANNEX II

«Schweizer Kunst» 1980–1987. Sondernummern von Kunstzeitschriften

Kunstforum International, Band 63/64, 7–8/83, Juli/ August 1983: Situation Schweiz
hrsg. von ANNELIE POHLEN.
Enthält unter anderem die folgenden Beiträge:
ARMIN WILDERMUTH, *Sonderfall Schweiz und die Umgebung der Kunst*
MARTIN KUNZ, *CH-Kunst*
ANNELIE POHLEN, *Beobachtungen von draussen*
NIKLAUS OBERHOLZER, *Kulturpolitik und Kunst in der Schweiz*
Interviews mit Jean-Christophe Ammann, Theo Kneubühler, Toni Gerber, Harald Szeemann
Schweizer Monographien: Bernhard Luginbühl, Urs Lüthi, Meret Oppenheim, Markus Raetz, André Thomkins, Jean Tinguely, Rémy Zaugg, Dieter Roth
20 Künstler heute: Carlo Aloe, John M. Armleder, Agnes Barmettler, Anton Bruhin, Miriam Cahn, Luciano Castelli, Martin Disler, Marianne Eigenheer, Helmut Federle, Leiko Ikemura, Gerald Minkoff, Felix Müller, Jörg Renz, Claude Sandoz, Klaudia Schifferle, Jean-Frédéric Schnyder, Alex Silber, Anselm Stalder, Rolf Winnewisser, Anna Winteler

Kunst und Kirche, 4/1985: Blickpunkt Schweiz
hrsg. von RAINER VOLP
Enthält unter anderem die folgenden Beiträge:
MAX WECHSLER, *Die Idylle sprengt die Enge* (gekürzte und modifizierte Fassung des Beitrags zum Katalog *Blüten des Eigensinns,* Kunstverein München, 1984)
NIKLAUS OBERHOLZER, *Einige Hinweise zum Thema Kunst im öffentlichen Raum*

Das Kunstwerk 39, 4–5, September 1986: Kunstszene Schweiz
Enthält unter anderem die folgenden Beiträge:
MARTIN KUNZ, *Schweizer Kunst der Gegenwart –*

eine persönliche Bilanz der 70er und 80er Jahre
WILLY ROTZLER, *25 Jahre Kunst in der Schweiz*
HARRY ZELLWEGER, *Normal- und Sonderfälle. Anmerkungen und Reflexionen zur schweizerischen Museums- und Kunsthallenlandschaft*
40 Schweizer Künstler: Rémi Dall'Aglio, Jürg Altherr, John M. Armleder, Vincenzo Baviera, Douglas Beer, Christine Brodbeck, Balthasar Burkhard, Miriam Cahn, Luciano Castelli, Silvie und Chérif Defraoui, Martin Disler, Marianne Eigenheer, Peter Fischli und David Weiss, Christian Floquet, Corsin Fontana, Christophe Geel, Andreas Gehr, Florin Granwehr, Michel Grillet, Philippe Grosclaude, Andreas Hofer, Pierre Keller, Ariane Laroux, Urs Lüthi, Jean Mauboulès, Josef Felix Müller, Claude Sandoz, Klaudia Schifferle, Anselm Stalder, Beat Streuli, Hugo Suter, Vivian Suter, Hannah Villiger, Not Vital, Aldo Walker, Cécile Wick, Rolf Winnewisser, Anna Winteler, Rémy Zaugg, Daniel Zimmermann

Art. Das Kunstmagazin, Nr. 5/Mai 1987: Die vitale Szene der Schweiz

Noema, Art Magazine 4, Nr. 12–13/1987: Schweiz
Enthält unter anderem die folgenden Beiträge:
HARRY ZELLWEGER, *Die Kunst von Reisläufern. Schweizer Kunst der 80er Jahre*
CONRADIN WOLF, *Zur Lage der Nation*
Monographische Beiträge zu folgenden Künstlern: Urs Lüthi, Aldo Walker, Franz Wanner, John Armleder, Olivier Mosset, Niele Toroni, Marianne Eigenheer, Peter Fischli/David Weiss, Klaudia Schifferle, Josef Felix Müller, Peter Roesch, Rolf Winnewisser, Pierre Keller, Carmen Perrin, André Thomkins

M. B.

Fotonachweis:

Hanspeter Ammann, Zürich
S. 20, 21, 23, 25

Courtesy Thomas Ammann Fine Art
S. 47

Atelier 344, Robert Farner, Zürich
S. 99

Kunstmuseum Bern
S. 142

Thomas Burla, Zürich
S. 82, 85, 87, 97, 98, 100

Miriam Cahn, Basel
S. 37, 39–41

H. Del Olmo
S. 30

Walter Dräyer, Zürich
S. 49, 55, 57, 76, 77, 79, 83, 84, 150, 152, 169–171, 176–179

Anne Gold, Aachen
S. 192, 193, 195

Courtesy Galerie Hilger, Wien – Frankfurt
S. 133

Rut Himmelsbach, Basel
S. 91–93

Guri Hofer, Thalwil
S. 29

Felix Stephan Huber, Berlin
S. 104, 106–109

Galerie Pierre Huber, Genève
S. 130

Bruno Hubschmid, Zürich
S. 45, 167

Thomas Karsten, München
S. 117

Max Kellenberger, Luzern
S. 145, 147

Eric Lanz, Genève
S. 120, 124, 125

Courtesy Galerie Vera Munro, Hamburg
S. 31, 33

Thomas Peretti, St. Gallen
S. 129, 131

Courtesy Galerie Rosenberg, Zürich
S. 53, 54

Georg Rehsteiner, Vufflens-le-Château
S. 137–139

Lothar Schnepf, Köln
S. 113–115, 191

Courtesy Galerie Monika Sprüth, Köln
S. 61–67

Max Wechsler, Luzern
S. 160, 161

Anna Winteler/Christian Baur, Basel
S. 199, 201, 203

Konrad Wittmer, Aarau
S. 175, 184–187

Wolfgang Wössner, Wien
S. 71, 73

Die Reproduktionen auf S. 121–123 entstammen der Broschüre *Das Rhönrad,* von Dr. W. Schütz, August Reher, Berlin 1927.

Alle anderen, hier nicht aufgeführten Fotodokumente sind uns von den Künstlern und Künstlerinnen zur Verfügung gestellt worden.